中国語

A-41　　　　　　　　　　　　　　　A-42

子音\母音	a	o	e	ai	ei	ao	ou	an	en	ang	eng	ong	er (-r)	i [ɿ]	i [ʅ]	i [i]	ia	ie	iao	iou -iu
なし	a	o	e	ai	ei	ao	ou	an	en	ang	eng		er			yi	ya	ye	yao	you
b	ba	bo		bai	bei	bao		ban	ben	bang	beng					bi		bie	biao	
p	pa	po		pai	pei	pao	pou	pan	pen	pang	peng					pi		pie	piao	
m	ma	mo	me	mai	mei	mao	mou	man	men	mang	meng					mi		mie	miao	miu
f	fa	fo			fei		fou	fan	fen	fang	feng									
d	da		de	dai	dei	dao	dou	dan	den	dang	deng	dong				di		die	diao	diu
t	ta		te	tai		tao	tou	tan		tang	teng	tong				ti		tie	tiao	
n	na		ne	nai	nei	nao	nou	nan	nen	nang	neng	nong				ni		nie	niao	niu
l	la		le	lai	lei	lao	lou	lan		lang	leng	long				li	lia	lie	liao	liu
g	ga		ge	gai	gei	gao	gou	gan	gen	gang	geng	gong								
k	ka		ke	kai	kei	kao	kou	kan	ken	kang	keng	kong								
h	ha		he	hai	hei	hao	hou	han	hen	hang	heng	hong								
j																ji	jia	jie	jiao	jiu
q																qi	qia	qie	qiao	qiu
x																xi	xia	xie	xiao	xiu
zh	zha		zhe	zhai	zhei	zhao	zhou	zhan	zhen	zhang	zheng	zhong			zhi					
ch	cha		che	chai		chao	chou	chan	chen	chang	cheng	chong			chi					
sh	sha		she	shai	shei	shao	shou	shan	shen	shang	sheng				shi					
r			re			rao	rou	ran	ren	rang	reng	rong			ri					
z	za		ze	zai	zei	zao	zou	zan	zen	zang	zeng	zong		zi						
c	ca		ce	cai		cao	cou	can	cen	cang	ceng	cong		ci						
s	sa		se	sai		sao	sou	san	sen	sang	seng	song		si						

音節表

A-43　　　　　A-44

ian	in	iang	ing	iong	u	ua	uo	uai	uei -ui	uan	uen -un	uang	ueng	ü (-u)	üe (-ue)	üan (-uan)	ün (-un)
yan	yin	yang	ying	yong	wu	wa	wo	wai	wei	wan	wen	wang	weng	yu	yue	yuan	yun
bian	bin		bing		bu												
pian	pin		ping		pu												
mian	min		ming		mu												
					fu												
dian			ding		du		duo		dui	duan	dun						
tian			ting		tu		tuo		tui	tuan	tun						
nian	nin	niang	ning		nu		nuo			nuan				nü	nüe		
lian	lin	liang	ling		lu		luo			luan	lun			lü	lüe		
					gu	gua	guo	guai	gui	guan	gun	guang					
					ku	kua	kuo	kuai	kui	kuan	kun	kuang					
					hu	hua	huo	huai	hui	huan	hun	huang					
jian	jin	jiang	jing	jiong										ju	jue	juan	jun
qian	qin	qiang	qing	qiong										qu	que	quan	qun
xian	xin	xiang	xing	xiong										xu	xue	xuan	xun
					zhu	zhua	zhuo	zhuai	zhui	zhuan	zhun	zhuang					
					chu		chuo	chuai	chui	chuan	chun	chuang					
					shu	shua	shuo	shuai	shui	shuan	shun	shuang					
					ru	rua	ruo		rui	ruan	run						
					zu		zuo		zui	zuan	zun						
					cu		cuo		cui	cuan	cun						
					su		suo		sui	suan	sun						

本テキストの音声について

　本テキストの音声は，白帝社ホームページ内の本テキストのページから，ダウンロードしたり，ストリーミングで聞くことができます。

　吹込み：陳浩，凌慶成，容文育，呉志剛（音節表），王京蒂（音節表）

http://www.hakuteisha.co.jp/news/n31475.html

※各機器と再生ソフトに関する技術的なご質問は，各メーカーにお願いいたします。
※本テキストと音声は著作権法で保護されています。

改訂版

大学生のための
初級中国語 24回

杉野元子・黄漢青 著

白帝社

はじめに

　本テキストは,『大学生のための初級中国語24回』(2011年発行) の改訂版です。全体は24課からなり,週1回の授業で,1年間で学び終えることを想定しています。各課は90分の授業で,無理なく終えることができる分量になっています。

　本テキストの主な構成は,次のとおりです。

【発音編】

　発音編は4課あります。発音編の段階で何よりも大切なことは,授業中,大きな声を出して何度も練習すること,そして自宅で付属の音声を繰り返し聞いて,中国語の音を聞き分ける耳を作ることです。各課には練習問題も豊富に用意されているので,全神経を集中させてチャレンジしましょう。約1か月間の発音学習を通して,発音の土台をしっかりと築くことができれば,文法編への移行がスムーズに進み,中国語がぐんぐん上達します。発音編は一つの大きな山です。がんばって乗り越え,めりはりのあるきれいな発音を自分のものにしてほしいと願っています。

【文法編】

　文法編は20課あり,各課は4つの段階で構成されています。第1段階「文法」の項目は各課3つで,文法知識を着実に積み重ねることができるように,難易度に配慮しながら,関連する項目をできるだけまとめて提示しました。例文は,使用頻度の高い語彙にしぼったシンプルなものとなっています。文法説明は,難しい用語を避けて,単純明快になるように心がけました。第2段階「本文」では,各課の文法項目が盛り込まれた会話文を学びます。内容は,二人の中国人大学生が話す,バラエティに富んだ日常の会話です。分量が少ないので,暗記にも適しています。最後の1課はメールの文面になっています。第3段階「チャレンジ」では,文法項目の定着を図るための置き換え練習を行います。第4段階「ドリル」には,リスニング,コミュニケーション,文法,作文などの力をつけるためのさまざまな練習問題が用意されています。

　文法編は,基本的な文法がほぼ網羅されています。また初歩的なコミュニケーション能力を身につけることもできます。この文法編をマスターした後は,中国語の短い文章にチャレンジして読解力を向上させたり,中国へ旅行や留学に行ってコミュニケーション能力を磨いたり,といった道が開けてきます。皆さんの意欲と工夫で,中国語の世界は限りなく広がっていくでしょう。

　今回の改訂版でも,前版と同じく,編集者の杉野美和さんには,細部にわたって懇切丁寧なアドバイスをいただき,画家の張恢さんには,場面の雰囲気がよく伝わるイラストを描いていただきました。さらに今回,新たに宇佐美佳子さんにお願いして,すてきな表紙をデザインしていただきました。ご協力くださった皆さまに,心より感謝申し上げます。

　今回の改訂版の原動力となったのは,前版をご使用いただいた方々から寄せられた貴重なご意見や感想です。引き続き,皆さまの忌憚のない声をお聞かせいただければ幸いです。

2019年秋

著者

目　次

中国語音節表

中国とは？　　　　　　　　7
中国語とは？　　　　　　　8

発音編

第1課　　　　　　　　　10
声調
単母音
複母音
声調記号のつけ方

第2課　　　　　　　　　14
子音（1）
子音（2）

第3課　　　　　　　　　18
鼻母音（-n, -ng を伴う母音）
軽声
親族名称
人称代詞

第4課　　　　　　　　　22
声調変化（1）第3声の変化
声調変化（2）"不" bù の変化
声調変化（3）"一" yī の変化
r化
声調の組み合わせ
あいさつ言葉

文法編

第5課　　　　　　　　　26
動詞 "是"
"吗" 疑問文
名前の尋ね方と答え方

第6課　　　　　　　　　30
動詞述語文
副詞 "也" と "都"
選択疑問文

第7課　　　　　　　　　34
"呢" 疑問文
指示代詞（1）「これ，あれ（それ）」
"的"

第8課　　　　　　　　　38
疑問詞疑問文
助動詞 "想"
時点（1）「今日，今年」など

第9課　　　　　　　　　42
形容詞述語文
反復疑問文
"吧"

第10課　　　　　　　　46
所有を表す動詞 "有"
量詞
"几" と "多少"

第11課　　　　　　　　50
文末の "了"
時点（2）時刻
前置詞 "在"

第12課	54
連動文	
時点（3）年月日，曜日	
疑問詞"怎么"	

第13課	58
指示代詞（2）「ここ，あそこ（そこ）」	
方位詞	
存在を表す動詞"在"と"有"	

第14課	62
動詞の後の"了"	
動詞の重ね型	
前置詞"给"	

第15課	66
経験の"过"	
動作量補語	
前置詞"跟"	

第16課	70
時間量	
時間量補語	
前置詞"从""到""离"	

第17課	74
助動詞"会"	
助動詞"能"	
主述述語文	

第18課	78
比較	
"多"＋形容詞	
年齢の尋ね方	

第19課	82
"是～的"構文	
100以上の数	
金額の言い方	

第20課	86
状態補語	
二重目的語	
"有点儿"	

第21課	90
方向補語	
進行の"在"	
禁止	

第22課	94
結果補語	
処置文	
助動詞"可以"	

第23課	98
受け身文	
使役文	
補語のまとめ	

第24課	102
近い未来	
"越来越～"	
複文	

補足資料：簡体字と日本漢字　106

ブックマップ　108

語句索引　110

中国地図

品詞略号一覧

名	名詞	代	代詞	数	数詞	量	量詞
形	形容詞	動	動詞	助動	助動詞	前	前置詞
副	副詞	接	接続詞	助	助詞	感	感嘆詞
成	成語						

中国とは？

▶ 正式な国名は？

→ 中華人民共和国（People's Republic of China）。首都は北京。

▶ 面積は？

→ 約960万平方キロ。日本の約26倍。

▶ 人口は？

→ 約14億人。日本の約11倍。世界の人々の5人に1人が中国人。

▶ 民族は？

→ 漢民族（総人口の約92％）と55の少数民族から構成される。

▶ 国旗は？

→ （赤地に黄色い☆5つ）

▶ 中華人民共和国が成立したのはいつ？

→ 1949年10月1日。

▶ 通貨は？

→ 人民元。

中国語とは？

1　中国の共通語"普通话"

　中国は多民族国家で，チベット語，モンゴル語，ウイグル語など，民族ごとの言語がたくさんあります。また，人口の9割強を占める漢民族は「漢語」("汉语" Hànyǔ）を使っていますが，「漢語」には北京語，上海語，広東語など，地域ごとにいろいろな方言があります。そこで中華人民共和国成立後，中国全土で普く通じる共通語"普通话"（pǔtōnghuà）が定められました。"普通话"は，北京語を中心とした北方方言が基礎となっています。私たちがこれから学ぶ中国語は"普通话"です。

2　中国の漢字

　日本語は漢字，平仮名，片仮名を併用しますが，中国語は漢字のみを使います。現在，中国では簡略化された漢字「簡体字」が使われています。台湾や香港などでは，簡略化される以前の漢字「繁体字」が使われています。私たちがこれから学ぶ漢字は「簡体字」です。

簡体字	繁体字	日本漢字
关	關	関
听	聽	聴
钱	錢	銭

3　簡体字の字形

　簡体字の中には，日本漢字と形が似ていて，同じように見えるものがあります。注意しましょう。

簡体字	日本漢字
真	真
步	歩
骨	骨

106-107頁に「補足資料：簡体字と日本漢字」があるので参照してください。

4 中国語の意味

中国語の中には，日本語と漢字が同じでも，意味が異なっているものがあります。注意しましょう。

中国語	日本語
爱人（配偶者）	愛人
汤（スープ）	湯
猪（ブタ）	猪（イノシシ）

5 中国語の発音表記

中国語の発音は，ピンイン（"拼音"pīnyīn）と呼ばれるローマ字で表記します。例えば，「馬」は，簡体字では"马"，ピンインではmǎと表記されます。mは子音，aは母音，aの上のマークは「声調」を表す記号です。「声調」とは中国語の音の一つ一つにある高低や上げ下げの調子を表すもので，"普通话"には4つの声調があり，ローマ字の上に"ˉ" "ˊ" "ˇ" "ˋ" という4種類の「声調記号」をつけて示します。

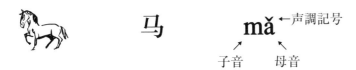

6 中国語の文法

中国語は語形変化しません。語順によって文法関係を表します。

中国語	英語	日本語
我爱她。	I love her.	僕は彼女を愛している。
她爱我。	She loves me.	彼女は僕を愛している。

第 1 课 Dì yī kè

1 声调

中国語は，一つ一つの音節に高低や上げ下げの調子があり，これを「声調」という。中国語の「声調」は，4種類あるので，「四声」ともいう。

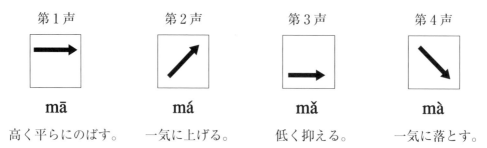

第1声	第2声	第3声	第4声
mā	má	mǎ	mà
高く平らにのばす。	一気に上げる。	低く抑える。	一気に落とす。

リピート 後について発音しなさい。

① mà　　mǎ　　má　　mā
② mǎ　　mā　　mà　　má

2 単母音

a	日本語の「ア」より口を大きく開けて発音する。
o	日本語の「オ」より唇を丸くして発音する。
e	日本語の「エ」を発音するときの唇の形で，のどの奥から「オ」を発音する。
i (yi)	日本語の「イ」より唇を左右に引いて発音する。
u (wu)	日本語の「ウ」より唇を丸く突き出して発音する。
ü (yu)	単母音 u を発音するときの唇の形で「イ」を発音する。
er	単母音 e を発音しながら舌先をそり上げる。

▶ ( ) 内は前に子音（第2課）がつかないときのつづり方。

リピート

A-5
① ā　á　ǎ　à
② ō　ó　ǒ　ò
③ ē　é　ě　è
④ yī　yí　yǐ　yì
⑤ wū　wú　wǔ　wù
⑥ yū　yú　yǔ　yù
⑦ ēr　ér　ěr　èr

リピート

A-6
① ér　wū　yù　ā
② è　yú　ō　ěr
③ wǔ　yī　èr　é
④ á　yū　yǐ　wú

3　複母音

二重母音（1）——前の母音をはっきりと発音するもの。

A-7　　ai　　ei　　ao　　ou

二重母音（2）——後の母音をはっきりと発音するもの。

ia　　ie　　ua　　uo　　üe
(ya)　(ye)　(wa)　(wo)　(yue)

三重母音——真ん中の母音をはっきりと発音するもの。

iao　　iou　　uai　　uei
(yao)　(you)　(wai)　(wei)

▶ (　) 内は前に子音がつかないときのつづり方。
▶ iou と uei の前に子音がつくとき，o と e はつづりから省略される。
　　n + iou → niu　　　g + uei → gui
▶ 複母音（ei, ie, üe, uei）の中の e は，日本語の「エ」に近い音となる。

4 声調記号のつけ方

① a があれば a に。　　　　　　　　　　wāi
② a がなければ，e か o に。　　　　　　wéi　　yóu
③ iu と ui の場合は後の方に。　　　　　niǔ　　guǐ
④ i につける場合は，i の上の点を取る。　yì

リピート

A-8

① āi　　ái　　ǎi　　ài
② ēi　　éi　　ěi　　èi
③ āo　　áo　　ǎo　　ào
④ ōu　　óu　　ǒu　　òu
⑤ yā　　yá　　yǎ　　yà
⑥ yē　　yé　　yě　　yè
⑦ wā　　wá　　wǎ　　wà
⑧ wō　　wó　　wǒ　　wò
⑨ yuē　　yué　　yuě　　yuè
⑩ yāo　　yáo　　yǎo　　yào
⑪ yōu　　yóu　　yǒu　　yòu
⑫ wāi　　wái　　wǎi　　wài
⑬ wēi　　wéi　　wěi　　wèi

リピート

A-9

① ài　　áo　　wāi　　wá
② wěi　　èi　　yě　　yā
③ yóu　　ōu　　wǒ　　yào
④ yè　　yuē　　wèi　　wō

> ドリル

1 単母音を発音します。声調記号をつけなさい。

A-10
① a　　② o　　③ e　　④ yi　　⑤ wu

⑥ yu　　⑦ er　　⑧ wu　　⑨ yu　　⑩ e

2 複母音を発音します。声調記号をつけなさい。

A-11
① ou　　② ya　　③ ye　　④ wa　　⑤ wo

⑥ yue　　⑦ yao　　⑧ you　　⑨ wai　　⑩ wei

3 発音されたほうに○をつけなさい。

A-12
① wài ── wèi　　　　② yè ── yuè

③ ōu ── yōu　　　　④ wǒ ── wǎ

⑤ yuē ── wēi　　　　⑥ yǒu ── yǎo

第 2 课

1 子音 (1)

		無気音	有気音		
A-13	唇音	b (o)	p (o)	m (o)	f (o)
	舌尖音	d (e)	t (e)	n (e)	l (e)
	舌根音	g (e)	k (e)	h (e)	

子音は単独では発音できないため，(　)の母音をつけて練習する。

▶ 無気音は息をそっと出しながら発音する。
▶ 有気音は息を強く吐き出しながら発音する。

リピート

A-14
① bā　　pā　　mā　　fā
② bú　　pú　　mú　　fú
③ dǐ　　tǐ　　nǐ　　lǐ
④ duò　　tuò　　nuò　　luò
⑤ guī　　kuī　　huī
⑥ gǒu　　kǒu　　hǒu

リピート

A-15
① bà —— pà　　② dú —— tú
③ gē —— kē　　④ hú —— nú
⑤ tōu —— diū　　⑥ lěi —— huǐ
⑦ guò —— kuò　　⑧ duī —— tuī
⑨ mǎi —— nǎi　　⑩ péi —— féi

ドリル

1 発音されたほうに○をつけなさい。

A-16　① bāi —— pāi　　② dì —— tì

　　　③ gě —— kě　　④ huí —— kuí

　　　⑤ lüè —— nüè　　⑥ hū —— hē

2 発音を聞いて，声調記号をつけなさい。

A-17　① lüyou（旅游）　　② Deguo（德国）

　　　③ ditu（地图）　　④ pibao（皮包）

3 声調に注意しながら発音しなさい。

A-18　① Wǒ hē niúnǎi.　（我喝牛奶。／私は牛乳を飲む。）

　　　② Wǒ hē kāfēi.　（我喝咖啡。／私はコーヒーを飲む。）

　　　③ Wǒ hē kělè.　（我喝可乐。／私はコーラを飲む。）

2 子音（2）

	無気音	有気音		
舌面音(ぜつめんおん)	j (i)	q (i)	x (i)	
そり舌音(じたおん)	zh (i)	ch (i)	sh (i)	r (i)
舌歯音(ぜっしおん)	z (i)	c (i)	s (i)	

A-19

子音は単独では発音できないため，（　）の母音をつけて練習する。

▶ j，q，x の後に ü が続く場合，ü の上の点を省略する。
　　jü → ju　　qü → qu　　xüe → xue
▶ そり舌音は舌先をそりあげたまま発音する。
　① zhi と chi の発音方法
　　舌先を歯茎よりやや奥のところまでそりあげて，つける。
　　zhi：無気音。息を抑える。
　　chi：有気音。息を強く出す。
　② shi と ri の発音方法
　　舌先を歯茎よりやや奥のところまでそりあげるが，つけずに少し透き間を残す。
　　shi：息を摩擦させる。
　　ri ：声帯（のど）を振動させる。
▶ 3つの i
　① 唇を横に引いて「イ」　　　ji　　qi　　xi
　② そり舌で発音される i　　　zhi　chi　shi　ri
　③ 唇を横に引いて「ウ」　　　zi　　ci　　si

リピート

A-20
① jiū　qiū　xiū　　　　② jué　qué　xué
③ zhè　chè　shè　rè　　④ zháo　cháo　sháo　ráo
⑤ zāi　cāi　sāi　　　　⑥ zuì　cuì　suì

ドリル

1 発音されたほうに○をつけなさい。

A-21
① zhízé ── zhǐzé

② shíjì ── shíjī

③ chídào ── chìdào

④ xiàwǔ ── xiàwù

2 発音を聞いて，声調記号をつけなさい。

A-22
① shouji（手机）　② zhurou（猪肉）

③ zuqiu（足球）　④ xiaoxue（小学）

⑤ sushe（宿舎）　⑥ richu（日出）

3 声調に注意しながら発音しなさい。

A-23
① Tā zuò qìchē.　（他坐汽车。／彼は車に乗る。）

② Tā zuò fēijī.　（他坐飞机。／彼は飛行機に乗る。）

③ Tā zuò rèqìqiú.　（他坐热气球。／彼は熱気球に乗る。）

第 3 课

1 鼻母音（-n, -ng を伴う母音）

A-24

an — ang	en — eng	in — ing
		(yin) (ying)

ian — iang	uan — uang	uen — ueng
(yan) (yang)	(wan) (wang)	(wen) (weng)

üan — ün	ong — iong
(yuan) (yun)	(yong)

▶ （ ）内は前に子音がつかないときのつづり方。
▶ -n は舌先を上の歯茎につける。「アンナイ（案内）」の「ン」。
　-ng は舌先を上の歯茎につけない。「アンガイ（案外）」の「ン」。
▶ en の e は日本語の「エ」に近く，eng の e は単母音の e に近い音。
▶ ian は「イアン」ではなく，「イエン」。
▶ uen の前に子音がつくとき，e はつづりから省略される。
　　　d + uen → dun　　　sh + uen → shun
▶ -n で終わるのか，-ng で終わるのか迷った場合は，音読みで区別する。
　音読みが「ン」で終わる → 中国語 -n
　　分「フン」→ 分 fēn
　音読みが「ウ」「イ」で終わる → 中国語 -ng
　　風「フウ」→ 风 fēng

リピート

A-25
① bān —— bāng　　② pén —— péng
③ jīn —— jīng　　④ yǎn —— yǎng
⑤ xián —— xiáng　　⑥ huān —— huāng
⑦ wēn —— wēng　　⑧ cóng —— céng
⑨ qióng —— qún　　⑩ juān —— jūn

2 軽声

本来の声調が消え，前の音節に続けて軽く短く発音する音を「軽声」という。声調記号はつけない。

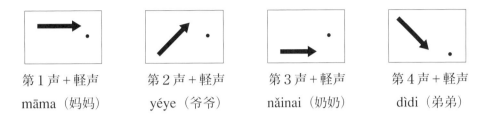

第1声＋軽声	第2声＋軽声	第3声＋軽声	第4声＋軽声
māma（妈妈）	yéye（爷爷）	nǎinai（奶奶）	dìdi（弟弟）

3 親族名称（覚えましょう！）

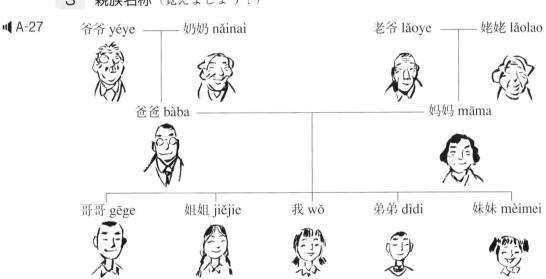

4 人称代詞（覚えましょう！）

🔊 A-28

	単　数	複　数
一人称	我 wǒ （私）	我们 wǒmen （私たち） 咱们 zánmen （私たち）
二人称	你 nǐ （あなた） 您 nín （あなた）	你们 nǐmen （あなたたち）
三人称	他 tā （彼） 她 tā （彼女）	他们 tāmen （彼ら） 她们 tāmen （彼女ら）

▶ "咱们"は聞き手を含んだ「私たち」。
▶ "您"は"你"の丁寧な言い方。
▶ "他们"は男性と女性が混ざっている場合も用いる。

> ドリル

1 発音されたほうに○をつけなさい。

A-29
① bān —— bēn　　② fèn —— fèng
③ xióng —— xíng　　④ yǎn —— yǎng
⑤ qiàn —— qiàng　　⑥ hóng —— héng
⑦ wēn —— wēng　　⑧ nóng —— néng
⑨ jiōng —— jūn　　⑩ xuán —— xún

2 声調に注意しながら発音しなさい。

A-30
① Wǒ chī zǎofàn.　（我吃早饭。／私は朝食を食べる。）
② Tā chī wǔfàn.　（他吃午饭。／彼は昼食を食べる。）
③ Tā chī wǎnfàn.　（她吃晚饭。／彼女は夕食を食べる。）

3 声調に注意しながら発音しなさい。

A-31
① Wǒmen qù Zhōngguó.　（我们去中国。／私たちは中国へ行く。）
② Wǒmen qù Táiwān.　（我们去台湾。／私たちは台湾へ行く。）
③ Wǒmen qù Xiānggǎng.　（我们去香港。／私たちは香港へ行く。）

1 声調変化（1） 第3声の変化

①第3声が連続する場合，前の第3声は第2声に変化する。
声調記号は元の第3声のまま。

リピート

A-32　① nǐ hǎo　（你好）　② yǒuhǎo　（友好）
　　　③ shǒubiǎo（手表）　④ bǎoxiǎn　（保险）

2 声調変化（2） "不" bù の変化

①後が第1声・第2声・第3声の場合，声調変化なし。

②後が第4声の場合，第2声に変化する。声調記号も変える。
　"不" bù + 第4声 ⇒ "不" bú + 第4声

リピート

A-33　① bù gāo　（不高）　② bù xué　（不学）
　　　③ bù shǎo（不少）　④ bú zài　（不在）

3 声調変化（3）"一" yī の変化

①順番を表す序数の場合は，声調変化なし。

　　　yī yuè（一月）　　　dì yī kè（第一课）

②後が第1声・第2声・第3声の場合，第4声に変化する。声調記号も変える。

　　"一" yī ＋第1声・第2声・第3声 ⇒ "一" yì ＋第1声・第2声・第3声

③後が第4声の場合，第2声に変化する。声調記号も変える。

　　"一" yī ＋第4声 ⇒ "一" yí ＋第4声

リピート

A-34　① yì tiān（一天）　　② yì nián（一年）
　　　③ yì mǐ（一米）　　　④ yí cì（一次）

4 r 化

音節の末尾で舌をそり上げて発音することを「r化」（アール化）という。ただし，rの前の n, i, ng は発音しない。

リピート

A-35　① huār（花儿）　　　② wánr（玩儿）
　　　③ xiǎoháir（小孩儿）　④ kòngr（空儿）

5 声調の組み合わせ

A-36

	第1声	第2声	第3声	第4声	軽声
第1声	jiāotōng 交通	Zhōngguó 中国	shēntǐ 身体	yīyuàn 医院	xiūxi 休息
第2声	shíjiān 时间	hóngchá 红茶	yóuyǒng 游泳	báicài 白菜	xuésheng 学生
第3声	shǒudū 首都	qǐchuáng 起床	yǔsǎn 雨伞	wǎnfàn 晚饭	yǐzi 椅子
第4声	jiànkāng 健康	qùnián 去年	Rìběn 日本	zàijiàn 再见	xièxie 谢谢

6 あいさつ言葉（覚えましょう！）

A-37

Nǐ hǎo!
你 好！　　　　　　　　こんにちは。

Xièxie.
谢谢。　　　　　　　　ありがとう。

　　Bú kèqi. ／Bú xiè.
——不 客气。／不 谢。　どういたしまして。

Duìbuqǐ.
对不起。　　　　　　　ごめんなさい。

　　Méi guānxi.
——没 关系。　　　　　かまいません。

Zàijiàn.
再见。　　　　　　　　さようなら。

ドリル

1 発音を聞いて，声調記号をつけなさい。

A-38
① Beijing　　（北京）　　② Tianjin　　（天津）

③ Shanghai　（上海）　　④ Lasa　　　（拉萨）

⑤ Chongqing（重庆）　　⑥ Guangzhou（广州）

2 声調の違いに注意しながら発音しなさい。

A-39
① shuìjiào　（睡觉）　—— shuǐjiǎo　（水饺）

② tóngyì　　（同意）　—— tǒngyī　　（统一）

③ yóuyǒng　（游泳）　—— yǒuyòng　（有用）

④ dáfù　　　（答复）　—— dàfú　　　（大幅）

⑤ yǎnjìng　 （眼镜）　—— yǎnjing　 （眼睛）

⑥ jiěchú　　（解除）　—— jiēchù　　（接触）

3 声調に注意しながら発音しなさい。

A-40
① Tāmen bù chī.　（他们不吃。／彼らは食べません。）

② Tāmen bù lái.　（他们不来。／彼らは来ません。）

③ Tāmen bù mǎi.　（她们不买。／彼女たちは買いません。）

④ Tāmen bú qù.　（她们不去。／彼女たちは行きません。）

文法

1 動詞"是"

B-1　A　我是大学生。　　　　Wǒ shì dàxuéshēng.
　　　B　他们不是中国人。　　Tāmen bú shì Zhōngguórén.

|主語+"是"+目的語|　「～は…である」

▶否定形は，否定の副詞"不"を"是"の前に置く。

2 "吗"疑問文

B-2　A　你是留学生吗？　　　Nǐ shì liúxuéshēng ma?
　　　B　她是英语老师吗？　　Tā shì Yīngyǔ lǎoshī ma?

▶文末に"吗"をつけると，疑問文になる。
▶中国語の疑問文の末尾には"？"マークを必ずつける。

3 名前の尋ね方と答え方

B-3　A　您贵姓？　　　　　　Nín guìxìng?
　　　――我姓陈。　　　　　Wǒ xìng Chén.
　　　B　你叫什么名字？　　　Nǐ jiào shénme míngzi?
　　　――我叫陈红。　　　　Wǒ jiào Chén Hóng.

▶"您贵姓？"は姓を尋ねるとき，"你叫什么名字？"はフルネームを尋ねるときに用いる。

本 文

北京出身の女子学生，陈红（Chén Hóng）と，上海出身の男子学生，张平（Zhāng Píng）は，学内のパーティーで出会いました。

B-4 ゆっくり
B-5 自然な速さ

陈红：你 好！
　　　Nǐ hǎo!

张平：你 好！
　　　Nǐ hǎo!

陈红：我 叫 陈 红，你 叫 什么 名字？
　　　Wǒ jiào Chén Hóng, nǐ jiào shénme míngzi?

张平：我 姓 张，叫 张 平。
　　　Wǒ xìng Zhāng, jiào Zhāng Píng.

陈红：你 是 北京人 吗？
　　　Nǐ shì Běijīngrén ma?

张平：我 不 是 北京人，是 上海人。
　　　Wǒ bú shì Běijīngrén, shì Shànghǎirén.

> チャレンジ

B-6 ① 我不是中国人，是日本人。 Wǒ bú shì Zhōngguórén, shì Rìběnrén.

美国人 Měiguórén

法国人 Fǎguórén

B-7 ② 我姓张，叫张平。 Wǒ xìng Zhāng, jiào Zhāng Píng.

毛泽东 Máo Zédōng

坂本龙马 Bǎnběn Lóngmǎ

> 新出語句

B-8
是～	shì	動	～である	
大学生	dàxuéshēng	名	大学生	
不～	bù	副	～でない。～しない	
中国	Zhōngguó	名	中国	
人	rén	名	人	
留学生	liúxuéshēng	名	留学生	
～吗	ma	助	～か	
英语	Yīngyǔ	名	英語	
老师	lǎoshī	名	教師	
贵姓	guìxìng	名	お名前（姓を尋ねる）	
姓～	xìng	動	（姓を）～という	
陈	Chén	名	陳（姓）	
叫～	jiào	動	（フルネームを）～という	

什么	shénme	代	何。どんな。何の
名字	míngzi	名	名前
陈红	Chén Hóng		陳紅（氏名）
张	Zhāng	名	張（姓）
张平	Zhāng Píng		張平（氏名）
北京	Běijīng	名	北京
上海	Shànghǎi	名	上海
日本	Rìběn	名	日本
美国	Měiguó	名	アメリカ
法国	Fǎguó	名	フランス
毛泽东	Máo Zédōng		毛沢東（氏名）
坂本龙马	Bǎnběn Lóngmǎ		坂本龍馬（氏名）

[ドリル]

1 実際の状況に基づき中国語で答えなさい。答えは省略のない文の形であること。

① Nǐmen shì dàxuéshēng ma?　_____

② Bǎnběn Lóngmǎ shì Zhōngguórén ma?　_____

③ Nǐ shì Měiguó liúxuéshēng ma?　_____

2 まぎらわしい音の違いに注意しながら，発音しなさい。

B-9

① zīběn　（资本）　——　jīběn　（基本）
② dùzi　（肚子）　——　tùzi　（兔子）
③ jiāodài　（交代）　——　zhāodài　（招待）
④ lǜdēng　（绿灯）　——　lùdēng　（路灯）
⑤ yǔjì　（雨季）　——　yǔjù　（雨具）
⑥ shīwàng（失望）　——　xīwàng　（希望）

3 1—99 の数字を覚えなさい。なお，二つの数字にはさまれた"十"は軽声となるので注意すること。

B-10

yī　èr　sān　sì　wǔ　liù　qī　bā　jiǔ　shí
一　二　三　四　五　六　七　八　九　十

shíyī　shí'èr　shísān　shísì　shíwǔ　shíliù　shíqī　shíbā　shíjiǔ　èrshí
十一　十二　十三　十四　十五　十六　十七　十八　十九　二十

èrshiyī　èrshi'èr　èrshisān　　　jiǔshiqī　jiǔshibā　jiǔshijiǔ
二十一　二十二　二十三　……　九十七　九十八　九十九

第 6 课 Dì liù kè

文 法

1 動詞述語文

B-11
A 我买面包。　　　　　　　Wǒ mǎi miànbāo.
B 他不去中国。　　　　　　Tā bú qù Zhōngguó.

主語＋動詞（＋目的語）　「～は…する」

▶否定形は，"不"を動詞の前に置く。
▶文末に"吗"をつけると，"吗"疑問文となる。
　你买面包吗？

2 副詞 "也" と "都"

B-12
A 他也是学生。　　　　　　Tā yě shì xuésheng.
B 我们都学习汉语。　　　　Wǒmen dōu xuéxí Hànyǔ.

▶副詞は動詞の前に置く。
▶"也"「～も」と"都"「みな」をいっしょに用いるときは，"也都"の順。
　我们也都学习汉语。

3 選択疑問文

B-13
A 他是老师还是学生？　　　　　Tā shì lǎoshī háishi xuésheng?
B 你吃中国菜还是吃法国菜？　　Nǐ chī Zhōngguócài háishi chī Fǎguócài?

A＋"还是"＋B　「AそれともB」

▶AとBのどちらを選ぶのかを尋ねる。
▶文末に"吗"をつけない。

本文

陈红（Chén Hóng）と张平（Zhāng Píng）は，大学の近くの喫茶店に入りました。

B-14
B-15

陈红：我 吃 蛋糕。
　　　Wǒ chī dàngāo.

张平：我 吃 三明治。
　　　Wǒ chī sānmíngzhì.

陈红：你 喝 咖啡 还是 喝 红茶？
　　　Nǐ hē kāfēi háishi hē hóngchá?

张平：我 喝 咖啡。
　　　Wǒ hē kāfēi.

陈红：那 我 也 喝 咖啡。
　　　Nà wǒ yě hē kāfēi.

> チャレンジ

🔊 B-16　① 我们都吃面包。　Wǒmen dōu chī miànbāo.

炒饭 chǎofàn

水饺 shuǐjiǎo

🔊 B-17　② 你喝咖啡还是喝红茶？　Nǐ hē kāfēi háishi hē hóngchá?

啤酒 píjiǔ

可乐 kělè

> 新出語句

🔊 B-18

买　mǎi　動　買う
面包　miànbāo　名　パン
去　qù　動　行く
～也　yě　副　～も
学生　xuésheng　名　学生
都　dōu　副　みんな。全部
学习　xuéxí　動　勉強する
汉语　Hànyǔ　名　中国語
还是　háishi　接　それとも
吃　chī　動　食べる
菜　cài　名　料理

蛋糕　dàngāo　名　ケーキ
三明治　sānmíngzhì　名　サンドイッチ
喝　hē　動　飲む
咖啡　kāfēi　名　コーヒー
红茶　hóngchá　名　紅茶
那　nà　接　それなら
炒饭　chǎofàn　名　チャーハン
水饺　shuǐjiǎo　名　水ギョーザ
啤酒　píjiǔ　名　ビール
可乐　kělè　名　コーラ

> ドリル

1 まず質問文を書き取り，次に本文の内容に基づき中国語で答えなさい。

B-19

① 質問：张平＿＿＿＿＿＿＿＿＿＿＿＿　答え：＿＿＿＿＿＿＿＿＿＿＿＿

② 質問：陈红＿＿＿＿＿＿＿＿＿＿＿＿　答え：＿＿＿＿＿＿＿＿＿＿＿＿

③ 質問：张平＿＿＿＿＿＿＿＿＿＿＿＿　答え：＿＿＿＿＿＿＿＿＿＿＿＿

2 ピンインを漢字に直しなさい。

① Tāmen yě dōu shì Shànghǎirén.

② Shuǐjiǎo shì Zhōngguócài háishi Fǎguócài?

③ Wǒ bù hē píjiǔ, yě bù hē kělè.

④ Nà wǒ yě mǎi kělè.

⑤ Nǐ qù Měiguó háishi tā qù Měiguó?

3 中国語の早口言葉を発音しなさい。

B-20

Sì shì sì, shí shì shí, shísì shì shísì, sìshí shì sìshí.
四 是 四，十 是 十，十四 是 十四，四十 是 四十。
（四は四で，十は十，十四は十四で，四十は四十です。）

第6课

第 7 课
Dì qī kè

文法

1 "呢" 疑問文

B-21　A　我去图书馆，你呢？　　　Wǒ qù túshūguǎn, nǐ ne?
　　　　——我去超市。　　　　　Wǒ qù chāoshì.

| 名詞・代詞＋"呢" | 「～は（どうですか）？」

▶前の部分で述べていることと同様のことについて，省略して聞くことができる。

2 指示代詞（1）「これ，あれ（それ）」

B-22　A　这是电脑。　　　　　　Zhè shì diànnǎo.
　　　B　那些不是课本。　　　　Nèixiē bú shì kèběn.
　　　C

これ	あれ（それ）	どれ
这 zhè	那 nà	哪 nǎ
这个 zhège / zhèige	那个 nàge / nèige	哪个 nǎge / něige
这些 zhèxiē / zhèixiē	那些 nàxiē / nèixiē	哪些 nǎxiē / něixiē

▶"这""那""哪"は目的語になれない。

　　×我买这。　　○我买这个。　　○我买这些。

▶"这些""那些""哪些"は複数の人・事物を指す。

3 "的"

B-23　A　这是我朋友的书。　　　　Zhè shì wǒ péngyou de shū.
　　　B　那是你的汉语课本吗？　　Nà shì nǐ de Hànyǔ kèběn ma?
　　　　——那不是我的。　　　　Nà bú shì wǒ de.

| 名詞・代詞＋"的"＋名詞 | 「～の…」

▶次の場合，"的"を省略できる。
　①人称代詞＋親族名称／人間関係／所属機関
　　　她妈妈 tā māma　　我朋友 wǒ péngyou　　我们大学 wǒmen dàxué
　②国籍，言語などが前について熟語化した語句
　　　中国老师 Zhōngguó lǎoshī　　汉语课本 Hànyǔ kèběn
▶文脈でわかる場合，"的"の後の名詞は省略できる。

本文

陈红（Chén Hóng）は，张平（Zhāng Píng）に家族の写真を見せます。

B-24
B-25

陈红：你 看，这 是 我 家里人 的 照片。
　　　Nǐ kàn, zhè shì wǒ jiālirén de zhàopiàn.

张平：你 爸爸 是 公司 职员 吗？
　　　Nǐ bàba shì gōngsī zhíyuán ma?

陈红：我 爸爸 是 公司 职员。
　　　Wǒ bàba shì gōngsī zhíyuán.

张平：你 妈妈 呢？
　　　Nǐ māma ne?

陈红：我 妈妈 是 老师。
　　　Wǒ māma shì lǎoshī.

> チャレンジ

B-26 ① 那不是我的电脑，是我弟弟的。　Nà bú shì wǒ de diànnǎo, shì wǒ dìdi de.

词典 cídiǎn

圆珠笔 yuánzhūbǐ

B-27 ② 我爸爸是公司职员，你爸爸呢？　Wǒ bàba shì gōngsī zhíyuán, nǐ bàba ne?

律师 lùshī

医生 yīshēng

> 新出語句

B-28
图书馆　túshūguǎn　图　図書館
〜呢　ne　助　〜は？
超市　chāoshì　图　スーパーマーケット
这　zhè　代　これ
电脑　diànnǎo　图　パソコン。コンピューター
那些　nàxiē / nèixiē　代　（複数の）あれ。それ
课本　kèběn　图　教科書。テキスト
那　nà　代　あれ。それ
哪　nǎ　代　どれ
这个　zhège / zhèige　代　これ
那个　nàge / nèige　代　あれ。それ
哪个　nǎge / něige　代　どれ
这些　zhèxiē / zhèixiē　代　（複数の）これ

哪些　nǎxiē / něixiē　代　（複数の）どれ
朋友　péngyou　图　友だち
〜的…　de　助　〜の…
书　shū　图　本
大学　dàxué　图　大学
看　kàn　動　見る。読む
家里人　jiālirén　图　家族
照片　zhàopiàn　图　写真
公司职员　gōngsī zhíyuán　图　会社員
词典　cídiǎn　图　辞書
圆珠笔　yuánzhūbǐ　图　ボールペン
律师　lùshī　图　弁護士
医生　yīshēng　图　医者

ドリル

1 ピンインを漢字に直しなさい。

① Nà shì nǐmen dàxué ma? _____

② Tā shì wǒmen de Hànyǔ lǎoshī. _____

③ Nǐmen yě qù chāoshì ma? _____

④ Wǒ de yuánzhūbǐ shì nèige. _____

⑤ Wǒ xìng Zhāng, nǐ ne? _____

2 日本語の意味に合うように，中国語の誤りを直しなさい。

① 她是中国人留学生。【彼女は中国人留学生です。】
_____

② 他不也去美国。【彼もアメリカへ行きません。】
_____

③ 咱们买面包，你呢？【私たちはパンを買いますが，あなたは？】
_____

④ 这些都也是我的书。【これらもすべて私の本です。】
_____

⑤ 他们吃这。【彼らはこれを食べます。】
_____

3 数字を発音します。洋数字で書き取りなさい。

B-29

① _____ ② _____ ③ _____

④ _____ ⑤ _____ ⑥ _____

第 7 课

第 8 课 Dì bā kè

文法

1 疑問詞疑問文

B-30
- A 他是谁？　　　　Tā shì shéi?
- B 你喝什么？　　　Nǐ hē shénme?
- C 她什么时候来？　Tā shénme shíhou lái?
- D 你要哪个？　　　Nǐ yào něige?

▶尋ねたいところに疑問詞を置く。
▶文末に"吗"をつけない。
▶疑問詞"什么"が名詞を修飾するときは，間に"的"を入れない。
　　✗你喝什么的茶 chá?　　〇你喝什么茶？

2 助動詞"想"

B-31
- A 他想看电视。　　Tā xiǎng kàn diànshì.
- B 我不想听音乐。　Wǒ bù xiǎng tīng yīnyuè.

　"想"＋動詞（句）　「〜したい」

▶助動詞は動詞の前に置く。
▶"想"は願望を表す。
▶否定形は，"不"を"想"の前に置く。

3 時点（1）「今日，今年」など

B-32
早上 zǎoshang	上午 shàngwǔ	中午 zhōngwǔ	下午 xiàwǔ	晚上 wǎnshang
前天 qiántiān	昨天 zuótiān	今天 jīntiān	明天 míngtiān	后天 hòutiān
前年 qiánnián	去年 qùnián	今年 jīnnián	明年 míngnián	后年 hòunián

▶「いつ」という時点を表す語句は，述語よりも前に置く。
　〇我明天去。　〇明天我去。　✗我去明天。

本 文

张平（Zhāng Píng）と陈红（Chén Hóng）は，書店へ行きました。

B-33
B-34

张平：你 想 买 什么？
　　　Nǐ xiǎng mǎi shénme?

陈红：我 想 买 南京 地图。
　　　Wǒ xiǎng mǎi Nánjīng dìtú.

张平：你 去 南京 吗？
　　　Nǐ qù Nánjīng ma?

陈红：我 去 南京。
　　　Wǒ qù Nánjīng.

张平：什么 时候 去？
　　　Shénme shíhou qù?

陈红：后天。
　　　Hòutiān.

> チャレンジ

B-35　① 我想买地图。　Wǒ xiǎng mǎi dìtú.

裤子 kùzi

雨伞 yǔsǎn

B-36　② 你什么时候去图书馆？　Nǐ shénme shíhou qù túshūguǎn?

书店 shūdiàn

银行 yínháng

> 新出語句

B-37

谁	shéi	代	だれ
什么时候	shénme shíhou		いつ
来	lái	動	来る
要	yào	動	欲しい。いる
茶	chá	名	茶
想~	xiǎng	助動	~したい
电视	diànshì	名	テレビ
听	tīng	動	聴く
音乐	yīnyuè	名	音楽
早上	zǎoshang	名	朝
上午	shàngwǔ	名	午前
中午	zhōngwǔ	名	昼
下午	xiàwǔ	名	午後
晚上	wǎnshang	名	夜
前天	qiántiān	名	おととい
昨天	zuótiān	名	昨日
今天	jīntiān	名	今日
明天	míngtiān	名	明日
后天	hòutiān	名	あさって
前年	qiánnián	名	おととし
去年	qùnián	名	去年
今年	jīnnián	名	今年
明年	míngnián	名	来年
后年	hòunián	名	さ来年
南京	Nánjīng	名	南京
地图	dìtú	名	地図
裤子	kùzi	名	ズボン
雨伞	yǔsǎn	名	傘
书店	shūdiàn	名	書店
银行	yínháng	名	銀行

ドリル

1 まず質問文を書き取り，次に本文の内容に基づき中国語で答えなさい。

B-38

① 質問： 陈红 _____   答え： _____

② 質問： 张平 _____   答え： _____

③ 質問： 陈红 _____   答え： _____

2 下線部が答えとなる疑問文を作りなさい。

① 他今天去上海。

_____

② 这是他的书。

_____

③ 我想买词典。

_____

④ 她要这些。

_____

⑤ 我想吃中国菜。

_____

3 実際の状況に基づき中国語で答えなさい。答えは省略のない文の形であること。

① Nǐ jīntiān wǎnshang kàn diànshì ma?   _____

② Nǐ míngnián xiǎng qù Zhōngguó ma?   _____

③ Nǐ míngtiān zǎoshang chī miànbāo ma?   _____

第 8 课

第 9 课 Dì jiǔ kè

文法

1 形容詞述語文

B-39
- A 今天很热。　　　　Jīntiān hěn rè.
- B 我的房子不大。　　Wǒ de fángzi bú dà.
- C 你累吗？　　　　　Nǐ lèi ma?
  ——我不太累。　　　Wǒ bú tài lèi.

主語（＋副詞）＋形容詞　「～はどのようだ」

▶肯定文は，ふつう"很""非常 fēicháng"などの程度を表す副詞を伴う。"很"は強く発音しなければ，「とても」の意味がない。
▶程度を表す副詞を伴わない場合は，比較・対照の意味が生じる。
　　昨天凉快 liángkuai, 今天热。
▶否定形は，"不"を形容詞の前に置く。

2 反復疑問文

B-40
- A 她是不是你女朋友？　　Tā shì bu shì nǐ nǚpéngyou?
- B 他来不来学校？　　　　Tā lái bu lái xuéxiào?
- C 现在你忙不忙？　　　　Xiànzài nǐ máng bu máng?
- D 你想不想喝乌龙茶？　　Nǐ xiǎng bu xiǎng hē wūlóngchá?

▶動詞，形容詞，助動詞を 肯定形＋否定形 にして表す。
▶"也""都""很"などの関連や範囲や程度を表す副詞がある場合は，反復疑問文を作ることができない。
　　✗你也是不是学生？　　〇你也是学生吗？

3 "吧"

B-41
- A 咱们去吧。　　　　Zánmen qù ba.
- B 你快来吧。　　　　Nǐ kuài lái ba.
- C 她是美国人吧？　　Tā shì Měiguórén ba?

▶主な用法
　①勧誘。「～しましょう」
　②軽い命令。「～しなさいよ」
　③推量・確認。「～でしょう」

本 文

张平(Zhāng Píng)と陈红(Chén Hóng)は、語学の勉強について話し合っています。

B-42
B-43

张平：你 学 什么 外语？
　　　Nǐ xué shénme wàiyǔ?

陈红：我 学 日语。
　　　Wǒ xué Rìyǔ.

张平：日语 难 不 难？
　　　Rìyǔ nán bu nán?

陈红：不 太 难。
　　　Bú tài nán.

张平：我 也 想 学 日语。
　　　Wǒ yě xiǎng xué Rìyǔ.

陈红：那 我们 一起 学 吧。
　　　Nà wǒmen yìqǐ xué ba.

> チャレンジ

B-44　① 今天很凉快。　Jīntiān hěn liángkuai.

暖和 nuǎnhuo

冷 lěng

B-45　② 中国菜好吃不好吃？　Zhōngguócài hǎochī bu hǎochī?

贵 guì

便宜 piányi

> 新出語句

B-46

很　hěn　副　とても
热　rè　形　暑い
房子　fángzi　名　家。家屋
大　dà　形　大きい
累　lèi　形　疲れている
不太～　bú tài　あまり～ではない
非常　fēicháng　副　非常に
凉快　liángkuai　形　涼しい
女朋友　nǚpéngyou　名　ガールフレンド
学校　xuéxiào　名　学校
现在　xiànzài　名　いま
忙　máng　形　忙しい
乌龙茶　wūlóngchá　名　ウーロン茶

～吧　ba　助　～しましょう。～しなさいよ。
　　～でしょう
快　kuài　副　早く
学　xué　動　学ぶ
外语　wàiyǔ　名　外国語
日语　Rìyǔ　名　日本語
难　nán　形　難しい
一起　yìqǐ　副　いっしょに
暖和　nuǎnhuo　形　暖かい
冷　lěng　形　寒い
好吃　hǎochī　形　（食べて）おいしい
贵　guì　形　（値段が）高い
便宜　piányi　形　安い

ドリル

1 陈红（Chén Hóng）の自己紹介です。発音を聞いて，（　）に漢字を書き入れなさい。

B-47　　我（　）陈，（　）陈红。我爸爸是（　　　　），我妈妈是（　　　）的（　　　　）。他们（　　　　）。我是（　　　　）。我（　）日语。日语（　　　　）。我想（　　　　）。

2 日本語の意味に合うように，（　）内の語句を並べ替えなさい。

① 早く食べなさい。（吃　快　吧　你）

_____

② いっしょに書店へ行きましょう。（书店　一起　我们　吧　去）

_____

③ あなたは音楽が聴きたいですか。（想　音乐　想　你　不　听）

_____

3 実際の状況に基づき中国語で答えなさい。答えは省略のない文の形であること。

① Chǎofàn hǎochī bu hǎochī?　_____

② Jīntiān zǎoshang liángkuai ma?　_____

③ Rìběn de fángzi guì ma?　_____

④ Nǐ xiànzài lèi bu lèi?　_____

⑤ Nǐmen xuéxiào dà bu dà?　_____

文法

1 所有を表す動詞 "有"

B-48
A 我爸爸有汽车。　　　Wǒ bàba yǒu qìchē.
B 你有没有手机？　　　Nǐ yǒu méiyǒu shǒujī?

主語＋"有"＋目的語　「～は…をもっている。～は…がある」

▶否定形は，"没"を"有"の前に置く。
　　我爸爸没有汽车。
▶反復疑問文は「"有"＋"没有"」にする。

2 量詞

B-49
A 一个人 yí ge rén　　　　　两本书 liǎng běn shū
　 三张桌子 sān zhāng zhuōzi　　四把雨伞 sì bǎ yǔsǎn
　 五辆汽车 wǔ liàng qìchē　　　六双袜子 liù shuāng wàzi

▶名詞を数えるときには，数詞＋量詞＋名詞 の語順。
▶「2つ」を表すときには，"二"ではなく"两"を用いる。
▶「この～」「あの～」と言うときには，指示代詞＋数詞＋量詞＋名詞 の語順。数詞が"一"の場合は，ふつう省略される。
　　这（一）个人　　　那两本书

3 "几"と"多少"

B-50
A 你有几双袜子？　　　Nǐ yǒu jǐ shuāng wàzi?
B 你想买多少苹果？　　Nǐ xiǎng mǎi duōshao píngguǒ?

"几"＋量詞＋名詞　「いくつの～」

"多少"（＋量詞）＋名詞　「どれだけの～」

▶"几"は10以下の答えが予想されるときに用いるが，"多少"には数の制限がない。
▶"几"と名詞の間には量詞が必要。"多少"と名詞の間は量詞の省略ができる。

本文

陈红（Chén Hóng）は张平（Zhāng Píng）に明日の授業について尋ねます。

B-51
B-52

陈红：你 明天 忙 不 忙？
　　　Nǐ míngtiān máng bu máng?

张平：比较 忙。
　　　Bǐjiào máng.

陈红：你 有 几 节 课？
　　　Nǐ yǒu jǐ jié kè?

张平：六 节。你 呢？
　　　Liù jié. Nǐ ne?

陈红：我 只 有 两 节。
　　　Wǒ zhǐ yǒu liǎng jié.

张平：真 羡慕 你。
　　　Zhēn xiànmù nǐ.

> チャレンジ

B-53 ① 我只有两条裤子。 Wǒ zhǐ yǒu liǎng tiáo kùzi.

裙子 qúnzi

领带 lǐngdài

B-54 ② 你每天喝几杯咖啡？ Nǐ měitiān hē jǐ bēi kāfēi?

牛奶 niúnǎi

茶 chá

> 新出語句

B-55

| 有 yǒu 動 ある。もっている。いる
| 汽车 qìchē 名 自動車
| 没有 méiyǒu 動 もっていない。ない
| 手机 shǒujī 名 携帯電話
| ～个 ge 量 ～人。～個（広く人, 事物を数える）
| 两 liǎng 数 二つ
| ～本 běn 量 ～冊（書物などを数える）
| ～张 zhāng 量 ～枚（平面をもつものを数える）
| 桌子 zhuōzi 名 机
| ～把 bǎ 量 ～本。～脚（取っ手のあるものを数える）
| ～辆 liàng 量 ～台（自転車, 車を数える）
| ～双 shuāng 量 ～足。～組（ペアのものを数える）
| 袜子 wàzi 名 靴下
| 几 jǐ 代 いくつ

| 多少 duōshao 代 どれだけ
| 苹果 píngguǒ 名 リンゴ
| 比较 bǐjiào 副 わりあいに
| ～节 jié 量 ～コマ（授業を数える）
| 课 kè 名 授業
| 只～ zhǐ 副 ただ～だけ
| 真 zhēn 副 本当に
| 羡慕 xiànmù 動 うらやむ
| ～条 tiáo 量 ～枚。～本。～筋（細長いものを数える）
| 裙子 qúnzi 名 スカート
| 领带 lǐngdài 名 ネクタイ
| 每天 měitiān 名 毎日
| ～杯 bēi 量 ～杯（コップに入ったものを数える）
| 牛奶 niúnǎi 名 牛乳

ドリル

1 まず質問文を書き取り，次に本文の内容に基づき中国語で答えなさい。

B-56 ① 質問：张平_____ 答え：_____

② 質問：陈红_____ 答え：_____

③ 質問：_____ 答え：_____

2 日本語の意味に合うように，（　）内の語句を並べ替えなさい。

① 今日も比較的涼しい。（比较　今天　凉快　也）

_____

② 私はこの三本のネクタイを買いたい。（条　想　领带　买　我　三　这）

_____

③ あの車は私のです。（是　那　的　汽车　我　辆）

_____

3 実際の状況に基づき中国語で答えなさい。答えは省略のない文の形であること。

① Nǐ yǒu duōshao wàzi?　_____

② Nǐ zuótiān xiàwǔ yǒu jǐ jié kè?　_____

③ Nǐ xiànzài yǒu Yīngyǔ shū ma?　_____

第10课　49

第 11 课
Dì shíyī kè

文法

1 文末の"了"

B-57
- A 我最近胖了。　　　　Wǒ zuìjìn pàng le.
- B 她买票了。　　　　　Tā mǎi piào le.
- C 你已经吃早饭了吗？　Nǐ yǐjīng chī zǎofàn le ma?
  ——我还没吃早饭。　Wǒ hái méi chī zǎofàn.

▶ 文末の"了"は，状況の変化や新しい事態の発生を表す。「～になった。～した」
▶ 否定形は，"没（有）"を動詞または形容詞の前に置き，"了"はとる。

2 時点（2）時刻

B-58
- A 现在几点？　　　　　Xiànzài jǐ diǎn?
  ——两点（零）五分。　Liǎng diǎn (líng) wǔ fēn.
  ——两点一刻。　　　　Liǎng diǎn yí kè.
  ——两点半。　　　　　Liǎng diǎn bàn.
  ——差五分三点。　　　Chà wǔ fēn sān diǎn.

▶ 「1分」から「9分」を表す場合，その前に"零"を入れることがある。
▶ 時刻，年月日，曜日，年齢，金額を表す文では，よく"是"が省略される。ただし否定の場合，"是"は省略できない。
　　现在不是两点。

3 前置詞"在"

B-59
- A 他在哪儿工作？　　　Tā zài nǎr gōngzuò?
  ——他在饭店工作。　Tā zài fàndiàn gōngzuò.

　"在"＋場所＋動詞　「～で…する」

▶ "在"は，動作の行われる場所を導く。
▶ 否定形は，ふつう"不"を前置詞句「"在"＋場所」の前に置く。
　　他不在饭店工作。

本 文

陈红（Chén Hóng）と张平（Zhāng Píng）は繁華街に来ています。

B-60
B-61

陈红：我 饿 了。
　　　Wǒ è le.

张平：我 也 饿 了。
　　　Wǒ yě è le.

陈红：现在 几 点 了？
　　　Xiànzài jǐ diǎn le?

张平：已经 十二 点 了。
　　　Yǐjīng shí'èr diǎn le.

陈红：我们 在 哪儿 吃 饭？
　　　Wǒmen zài nǎr chī fàn?

张平：在 那 家 快餐店 吃，怎么样？
　　　Zài nèi jiā kuàicāndiàn chī, zěnmeyàng?

> チャレンジ

🔊 B-62　① 你每天早上几点吃早饭？　Nǐ měitiān zǎoshang jǐ diǎn chī zǎofàn?

　　起床 qǐchuáng　　　　　　　　　出门 chūmén

🔊 B-63　② 我在快餐店打工。　Wǒ zài kuàicāndiàn dǎgōng.

　　便利店 biànlìdiàn　　　　　　　车站 chēzhàn

> 新出語句

🔊 B-64

最近　zuìjìn　名　最近。近ごろ
胖　pàng　形　太っている
了　le　助　文末に置き，状況の変化や新しい事態の発生の語気を表す
票　piào　名　チケット
已经　yǐjīng　副　すでに
早饭　zǎofàn　名　朝食
还　hái　副　（持続・未変化を表す）まだ
没(有)〜　méi(yǒu)　副　〜していない。〜しなかった
〜点　diǎn　量　〜時（時間の単位）
零　líng　数　ゼロ
〜分　fēn　量　〜分（時間の単位）
〜刻　kè　量　15分単位で数える時間の単位
半　bàn　数　半。半分

差　chà　動　足りない
在〜　zài　前　〜で
哪儿　nǎr　代　どこ
工作　gōngzuò　動　仕事をする
饭店　fàndiàn　名　ホテル
饿　è　形　お腹がすいている
饭　fàn　名　食事
〜家　jiā　量　〜軒（店，会社などを数える）
快餐店　kuàicāndiàn　名　ファーストフード店
怎么样　zěnmeyàng　代　どうですか
起床　qǐchuáng　動　起きる。起床する
出门　chūmén　動　家を出る。外出する
打工　dǎgōng　動　アルバイトをする
便利店　biànlìdiàn　名　コンビニエンスストア
车站　chēzhàn　名　駅。バス停

ドリル

1 時刻を発音します。洋数字で書き取りなさい。

B-65
① _____ ② _____ ③ _____
④ _____ ⑤ _____ ⑥ _____

2 日本語の意味に合うように，（　）内の語句を並べ替えなさい。

① 彼はどこで中国語を学んでいますか。(哪儿　汉语　他　学　在)

_____

② 彼女はもう家を買いましたか。(已经　她　房子　吗　买　了)

_____

③ 私は十時十五分前に家を出たい。(一刻　出门　我　差　十点　想)

_____

3 日本語の意味に合うように，中国語の誤りを直しなさい。

① 你吃不吃面包吗？【あなたはパンを食べますか。】

_____

② 我想买这二张桌子。【私はこの二つのテーブルを買いたい。】

_____

③ 我最近是非常忙。【私は最近，非常に忙しい。】

_____

④ 她昨天没打工了。【彼女は昨日，アルバイトをしませんでした。】

_____

⑤ 你想看什么的书？【あなたは何の本を読みたいですか。】

_____

文法

1 連動文

A 我去超市买牛奶。　　　　　　Wǒ qù chāoshì mǎi niúnǎi.
B 她每天开车上班。　　　　　　Tā měitiān kāichē shàngbān.

主語＋動詞（句）＋動詞（句）

▶一つの主語に対して動詞（句）が二つ以上現れる文を「連動文」という。
▶動詞（句）は動作の行われる順に並べる。

2 時点（3） 年月日，曜日

A 明年二〇二几年？　　　　　　Míngnián èr líng èr jǐ nián?
　——明年二〇二一年。　　　　Míngnián èr líng èr yī nián.
B 今天几月几号？　　　　　　　Jīntiān jǐ yuè jǐ hào?
　——今天十二月三十一号。　　Jīntiān shí'èr yuè sānshiyī hào.
C 昨天星期几？　　　　　　　　Zuótiān xīngqī jǐ?
D 星期一 xīngqīyī　　星期二 xīngqī'èr　　星期三 xīngqīsān
　星期四 xīngqīsì　　星期五 xīngqīwǔ　　星期六 xīngqīliù
　星期天 xīngqītiān ／ 星期日 xīngqīrì

▶西暦は粒読みにする。
▶尋ねたいところに疑問詞"几"を置く。

3 疑問詞"怎么"

A "ありがとう"用汉语怎么说？　　"ありがとう" yòng Hànyǔ zěnme shuō?
B 这么好吃的菜你怎么不吃？　　Zhème hǎochī de cài nǐ zěnme bù chī?

▶"怎么"には，「どうやって」と「なぜ」の二つの用法がある。

本 文

陈红（Chén Hóng）は张平（Zhāng Píng）に，土曜日の予定を尋ねます。

B-69
B-70

陈红：你 星期六 干 什么？
Nǐ xīngqīliù gàn shénme?

张平：去 看 足球 比赛。
Qù kàn zúqiú bǐsài.

陈红：怎么 去？
Zěnme qù?

张平：坐 地铁 去。
Zuò dìtiě qù.

陈红：几 点 开始？
Jǐ diǎn kāishǐ?

张平：下午 两 点 半。
Xiàwǔ liǎng diǎn bàn.

> チャレンジ

B-71　① 今天九月二十七号星期四。　Jīntiān jiǔ yuè èrshiqī hào xīngqīsì.

十月一号星期一
shí yuè yī hào xīngqīyī

二月十四号星期天
èr yuè shísì hào xīngqītiān

B-72　② 你怎么不看电视？　Nǐ zěnme bú kàn diànshì?

洗衣服 xǐ yīfu

打扫房间 dǎsǎo fángjiān

> 新出語句

B-73

开车　kāichē　動　車を運転する	用〜　yòng　前　〜で。〜を用いて
上班　shàngbān　動　出勤する	怎么　zěnme　代　どうやって。なぜ
年　nián　名　年	说　shuō　動　言う。話す
月　yuè　名　月	这么　zhème　代　こんなに
〜号　hào　量　〜日（日付を数える）	干　gàn　動　する。やる
星期几　xīngqī jǐ　何曜日	足球　zúqiú　名　サッカー
星期一　xīngqīyī　名　月曜日	比赛　bǐsài　名　試合
星期二　xīngqī'èr　名　火曜日	坐　zuò　動　（乗り物に）乗る
星期三　xīngqīsān　名　水曜日	地铁　dìtiě　名　地下鉄
星期四　xīngqīsì　名　木曜日	开始　kāishǐ　動　始まる
星期五　xīngqīwǔ　名　金曜日	洗　xǐ　動　洗う
星期六　xīngqīliù　名　土曜日	衣服　yīfu　名　服
星期天　xīngqītiān　名　日曜日	打扫　dǎsǎo　動　掃除する
星期日　xīngqīrì　名　日曜日	房间　fángjiān　名　部屋

> ドリル

1 まず質問文を書き取り，次に本文の内容に基づき中国語で答えなさい。

B-74　① 質問：＿＿＿＿＿＿＿＿＿＿＿＿＿＿＿＿　答え：＿＿＿＿＿＿＿＿＿＿＿＿＿＿＿＿

　　　② 質問：＿＿＿＿＿＿＿＿＿＿＿＿＿＿＿＿　答え：＿＿＿＿＿＿＿＿＿＿＿＿＿＿＿＿

　　　③ 質問：＿＿＿＿＿＿＿＿＿＿＿＿＿＿＿＿　答え：＿＿＿＿＿＿＿＿＿＿＿＿＿＿＿＿

2 飲み物の名前を発音します。漢字で書き取りなさい。

B-75　①＿＿＿＿＿＿　②＿＿＿＿＿＿　③＿＿＿＿＿＿

　　　④＿＿＿＿＿＿　⑤＿＿＿＿＿＿　⑥＿＿＿＿＿＿

3 実際の状況に基づき中国語で答えなさい。答えは省略のない文の形であること。

① Nǐ zuótiān qù dǎgōng le ma?　＿＿＿＿＿＿＿＿＿＿＿＿＿＿＿＿

② Hòutiān jǐ yuè jǐ hào xīngqī jǐ?　＿＿＿＿＿＿＿＿＿＿＿＿＿＿＿＿

③ Nǐ jīntiān qù shūdiàn mǎi shū ma?　＿＿＿＿＿＿＿＿＿＿＿＿＿＿＿＿

④ Nǐ měitiān jǐ diǎn qǐchuáng?　＿＿＿＿＿＿＿＿＿＿＿＿＿＿＿＿

⑤ Nǐ shì dàxuéshēng le ma?　＿＿＿＿＿＿＿＿＿＿＿＿＿＿＿＿

文法

1 指示代詞（2）「ここ，あそこ（そこ）」

B-76

A

ここ	あそこ（そこ）	どこ
这儿 zhèr／这里 zhèli	那儿 nàr／那里 nàli	哪儿 nǎr／哪里 nǎli

2 方位詞

B-77

A

上边（儿）shàngbian(r)　　下边（儿）xiàbian(r)
里边（儿）lǐbian(r)　　　　外边（儿）wàibian(r)
前边（儿）qiánbian(r)　　　后边（儿）hòubian(r)
左边（儿）zuǒbian(r)　　　 右边（儿）yòubian(r)
旁边（儿）pángbian(r)　　　对面（儿）duìmiàn(r)

▶名詞の後に方位詞をつけて，具体的な方位を示す。
　　桌子下边（儿）zhuōzi xiàbian(r)
▶「～の上」「～の中」と言う場合は，"上""里"を用いることが多い。
　　桌子上 zhuōzishang　　　房间里 fángjiānli

3 存在を表す動詞 "在" と "有"

B-78

A　他在公园里。　　　　　Tā zài gōngyuánli.
B　我家在美术馆后边儿。　Wǒ jiā zài měishùguǎn hòubianr.
C　教室外边儿有很多人。　Jiàoshì wàibianr yǒu hěn duō rén.
D　那儿没有洗手间。　　　Nàr méiyǒu xǐshǒujiān.

　人・物＋"在"＋場所　「…は～にいる。…は～にある」

▶否定形は "不在"。

　場所＋"有"＋人・物　「～に…がいる。～に…がある」

▶否定形は "没有"。

本 文

张平（Zhāng Píng）は陈红（Chén Hóng）に，学内の食堂について尋ねます。

B-79
B-80

张平：学校里 有 几 个 食堂？
　　　Xuéxiàoli yǒu jǐ ge shítáng?

陈红：有 五 个。
　　　Yǒu wǔ ge.

张平：最 大 的 食堂 在 哪儿？
　　　Zuì dà de shítáng zài nǎr?

陈红：在 图书馆 旁边儿。
　　　Zài túshūguǎn pángbiānr.

张平：你 喜欢 哪个 食堂？
　　　Nǐ xǐhuan něige shítáng?

陈红：我 喜欢 邮局 对面儿 的 食堂。
　　　Wǒ xǐhuan yóujú duìmiànr de shítáng.

> チャレンジ

◀ B-81　① 你的手机在桌子上。　Nǐ de shǒujī zài zhuōzishang.

数码相机 shùmǎ xiàngjī

笔记本 bǐjìběn

◀ B-82　② 我的房间里有一张桌子。　Wǒ de fángjiānli yǒu yì zhāng zhuōzi.

一张床 yì zhāng chuáng

两把椅子 liǎng bǎ yǐzi

> 新出語句

◀ B-83

| 这儿 zhèr 代 ここ
| 这里 zhèli 代 ここ
| 那儿 nàr 代 あそこ。そこ
| 那里 nàli 代 あそこ。そこ
| 哪里 nǎli 代 どこ
| 上边（儿） shàngbian(r) 名 上側。上の方
| 下边（儿） xiàbian(r) 名 下側。下の方
| 里边（儿） lǐbian(r) 名 内側。中の方
| 外边（儿） wàibian(r) 名 外側。外の方
| 前边（儿） qiánbian(r) 名 前側。前の方
| 后边（儿） hòubian(r) 名 後ろ側。後の方
| 左边（儿） zuǒbian(r) 名 左側。左の方
| 右边（儿） yòubian(r) 名 右側。右の方
| 旁边（儿） pángbian(r) 名 そば。隣
| 对面（儿） duìmiàn(r) 名 向かい側
| ～上 shang 名 ～の上側。～の上の方

～里 li 名 ～の内側。～の中の方
在 zài 動 いる。ある
公园 gōngyuán 名 公園
家 jiā 名 家
美术馆 měishùguǎn 名 美術館
教室 jiàoshì 名 教室
多 duō 形 多い
洗手间 xǐshǒujiān 名 トイレ
食堂 shítáng 名 食堂
最 zuì 副 最も
喜欢 xǐhuan 動 好む
邮局 yóujú 名 郵便局
数码相机 shùmǎ xiàngjī 名 デジタルカメラ
笔记本 bǐjìběn 名 ノート
床 chuáng 名 ベッド
椅子 yǐzi 名 いす

ドリル

1 まず質問文を書き取り，次に本文の内容に基づき中国語で答えなさい。

B-84
① 質問：_____　答え：_____

② 質問：_____　答え：_____

③ 質問：_____　答え：_____

2 日本語の意味に合うように，（　）内の語句を並べ替えなさい。ただし，用いない語句が一つ含まれています。

① あなたの家はどこにありますか。（哪儿　你家　在　有）

_____

② ここに多くの人がいます。（人　这儿　很多　在　有）

_____

③ 彼らはみんなあそこにいます。（都　那儿　他们　有　在）

_____

3 実際の状況に基づき中国語で答えなさい。答えは省略のない文の形であること。

① Nǐmen xuéxiàoli yǒu biànlìdiàn ma?　_____

② Nǐ de Hànyǔ kèběn zài zhuōzishang ma?　_____

③ Jiàoshìli yǒu duōshao xuésheng?　_____

第14课 Dì shísì kè

文法

1 動詞の後の"了"

B-85
- A 我写了一封信。　　　　Wǒ xiěle yì fēng xìn.
- B 她买了很多东西。　　　Tā mǎile hěn duō dōngxi.
- C 我吃了饭，就去打工。　Wǒ chīle fàn, jiù qù dǎgōng.

> 動詞＋"了"＋修飾語がつく目的語　「～した」

▶動詞につく"了"は，動作の完了を表す。
▶目的語には「数詞＋量詞」などの修飾語がつく。

> 動詞＋"了"＋修飾語がつかない目的語，～　「…したら，～」

▶動詞につく"了"は，過去の動作の完了だけでなく，未来や仮定の動作の完了も表す。
▶目的語に修飾語がつかない場合，動詞の後に"了"を置くだけでは文が終わらず，必ず後に文が続く。
　　✕我吃了饭。

2 動詞の重ね型

B-86
- A 请等等。　　　　　　Qǐng děngdeng.
- B 我们复习复习吧。　　Wǒmen fùxí fùxí ba.

▶動詞を重ねて「ちょっと～する」の意味を表す。
▶一音節動詞は，間に"一"を入れてもよい。
　　〇等一等 děng yi děng　　✕复习一复习

3 前置詞"给"

B-87
- A 我马上给她打电话。　　Wǒ mǎshàng gěi tā dǎ diànhuà.
- B 请给我叫一辆出租车。　Qǐng gěi wǒ jiào yí liàng chūzūchē.

▶"给"は，動作の対象や利益を受ける者を導く。「～に。～のために」

本 文

张平(Zhāng Píng)は陈红(Chén Hóng)に、昨日のことについて尋ねます。

B-88
B-89

张平：昨天 你 去 哪儿 了？
　　　Zuótiān nǐ qù nǎr le?

陈红：去 购物 中心 了。
　　　Qù gòuwù zhōngxīn le.

张平：买 什么 了？
　　　Mǎi shénme le?

陈红：买了 一 块 手表。你 看看。
　　　Mǎile yí kuài shǒubiǎo. Nǐ kànkan.

张平：真 漂亮。我 也 想 给 我 妈妈 买 一 块。
　　　Zhēn piàoliang. Wǒ yě xiǎng gěi wǒ māma mǎi yí kuài.

陈红：改天 我 陪 你 去 买。
　　　Gǎitiān wǒ péi nǐ qù mǎi.

> チャレンジ

🔊 B-90 ① 我在购物中心买了一台电脑。　Wǒ zài gòuwù zhōngxīn mǎile yì tái diànnǎo.

空调　kōngtiáo

冰箱　bīngxiāng

🔊 B-91 ② 我们去听听音乐吧。　Wǒmen qù tīngting yīnyuè ba.

踢踢足球　tīti zúqiú

看看电影　kànkan diànyǐng

> 新出語句

🔊 B-92
写　xiě　動　書く
了　le　助　動詞の後に置き，動作の完了を表す
〜封　fēng　量　〜通（手紙を数える）
信　xìn　名　手紙
东西　dōngxi　名　物。品物
〜就…　jiù　副　〜するとすぐに…
请〜　qǐng　動　どうぞ〜してください
等　děng　動　待つ
复习　fùxí　動　復習する
马上　mǎshàng　副　すぐに
给〜　gěi　前　〜に。〜のために
打　dǎ　動　（電話を）かける
电话　diànhuà　名　電話

叫　jiào　動　（タクシーなどを）呼ぶ
出租车　chūzūchē　名　タクシー
购物中心　gòuwù zhōngxīn　名　ショッピングセンター
〜块　kuài　量　〜個（かたまり状のものを数える）
手表　shǒubiǎo　名　腕時計
漂亮　piàoliang　形　美しい
改天　gǎitiān　副　後日。近いうちに
陪　péi　動　付き添う。お供をする
〜台　tái　量　〜台（機器を数える）
空调　kōngtiáo　名　エアコン
冰箱　bīngxiāng　名　冷蔵庫
踢　tī　動　ける
电影　diànyǐng　名　映画

ドリル

1 まず質問文を書き取り，次に本文の内容に基づき中国語で答えなさい。

① 質問：＿＿＿＿＿＿＿＿＿＿＿＿＿＿＿＿＿　答え：＿＿＿＿＿＿＿＿＿＿＿＿

② 質問：＿＿＿＿＿＿＿＿＿＿＿＿＿＿＿＿＿　答え：＿＿＿＿＿＿＿＿＿＿＿＿

③ 質問：＿＿＿＿＿＿＿＿＿＿＿＿＿＿＿＿＿　答え：＿＿＿＿＿＿＿＿＿＿＿＿

2 建物の名前を発音します。漢字で書き取りなさい。

① ＿＿＿＿＿　② ＿＿＿＿＿　③ ＿＿＿＿＿

④ ＿＿＿＿＿　⑤ ＿＿＿＿＿　⑥ ＿＿＿＿＿

⑦ ＿＿＿＿＿　⑧ ＿＿＿＿＿　⑨ ＿＿＿＿＿

3 日本語の意味に合うように，中国語の誤りを直しなさい。

① 我想买书在那儿。【私はあそこで本を買いたい。】

② 他今天喝很多啤酒了。【彼は今日，ビールをたくさん飲みました。】

③ 我每天吃早饭六点半。【私は毎日，六時半に朝食を食べます。】

④ 她昨天没看电影了。【彼女は昨日，映画を見ませんでした。】

⑤ 邮局有图书馆旁边儿。【郵便局は図書館のそばにあります。】

文法

1 経験の "过"

C-1
A 我去过台湾。　　　　　　　Wǒ qùguo Táiwān.
B 他没吃过北京烤鸭。　　　　Tā méi chīguo Běijīng kǎoyā.

動詞＋"过"　「～したことがある」
▶否定形は，"没(有)"を動詞の前に置く。

2 動作量補語

C-2
A 她坐过五次飞机。　　　　　Tā zuòguo wǔ cì fēijī.
B 我打算回一趟老家。　　　　Wǒ dǎsuan huí yí tàng lǎojiā.
C 请再说一遍。　　　　　　　Qǐng zài shuō yí biàn.

動詞＋動作量補語（＋目的語）　「何回～する」
▶「補語」とは，動詞の後に置いて，動詞の表す動作行為の結果や状況を補足説明する成分。
▶「動作量補語」は，動作の回数を表す。
▶動作量は「数詞＋量詞」で表される。量詞としては "次"（～回），"趟"（〔往復〕～回），"遍"（〔通して〕～回）などがよく用いられる。
▶目的語はふつう，動作量補語の後に置く。

3 前置詞 "跟"

C-3
A 我想跟你结婚。　　　　　　Wǒ xiǎng gēn nǐ jiéhūn.
B 昨天我跟他一起看电影了。　Zuótiān wǒ gēn tā yìqǐ kàn diànyǐng le.

▶"跟"は，動作をともに行う対象を導く。「～と」

本 文

张平(Zhāng Píng)は陈红(Chén Hóng)に,旅行の計画について話します。

C-4
C-5

张平：我 打算 去 西藏 旅游。
　　　Wǒ dǎsuan qù Xīzàng lǚyóu.

陈红：你 去过 西藏 吗？
　　　Nǐ qùguo Xīzàng ma?

张平：去过 一 次。
　　　Qùguo yí cì.

陈红：这 次 跟 谁 一起 去？
　　　Zhèi cì gēn shéi yìqǐ qù?

张平：我 一 个 人 去。
　　　Wǒ yí ge rén qù.

陈红：祝 你 一路 平安！
　　　Zhù nǐ yílù píng'ān!

チャレンジ

C-6 ① 你学过汉语吗？　Nǐ xuéguo Hànyǔ ma?

法语 Fǎyǔ

德语 Déyǔ

C-7 ② 我打过两次篮球。　Wǒ dǎguo liǎng cì lánqiú.

乒乓球 pīngpāngqiú

棒球 bàngqiú

新出語句

C-8
~过　guo　助　~したことがある
台湾　Táiwān　名　台湾
北京烤鸭　Běijīng kǎoyā　名　北京ダック
~次　cì　量　~回
飞机　fēijī　名　飛行機
打算~　dǎsuan　動　~するつもりだ
回　huí　動　戻る。帰る
~趟　tàng　量　（往復）~回
老家　lǎojiā　名　ふるさと
再　zài　副　もう一度。また
~遍　biàn　量　（通して）~回
跟~　gēn　前　~と

结婚　jiéhūn　動　結婚する
西藏　Xīzàng　名　チベット
旅游　lǚyóu　動　観光旅行する
祝　zhù　動　祈る
一路平安　yílù píng'ān　成　道中ご無事で
法语　Fǎyǔ　名　フランス語
德语　Déyǔ　名　ドイツ語
打　dǎ　動　（球技やある種の遊戯を）する
篮球　lánqiú　名　バスケットボール
乒乓球　pīngpāngqiú　名　卓球
棒球　bàngqiú　名　野球

ドリル

1 まず質問文を書き取り，次に本文の内容に基づき中国語で答えなさい。

C-9

① 質問：_____ 答え：_____

② 質問：_____ 答え：_____

③ 質問：_____ 答え：_____

2 食べ物の名前を発音します。漢字で書き取りなさい。

C-10

① _____ ② _____ ③ _____

④ _____ ⑤ _____ ⑥ _____

3 実際の状況に基づき中国語で答えなさい。答えは省略のない文の形であること。

① Nǐ xuéguo Déyǔ ma?　_____

② Nǐ zuótiān lái xuéxiào le ma?　_____

③ Nǐ kànguo jǐ cì Zhōngguó diànyǐng?　_____

④ Nǐ mǎile jǐ běn Hànyǔ kèběn?　_____

⑤ Nǐ xiǎng qù Xīzàng lǚyóu ma?　_____

第16課

文法

1 時間量

C-11 A 两分钟 liǎng fēnzhōng　　一刻钟 yí kè zhōng
　　　　半个小时 bàn ge xiǎoshí　　一个小时 yí ge xiǎoshí
　　　　两个星期 liǎng ge xīngqī　　三个月 sān ge yuè
　　　　四天 sì tiān　　　　　　　　五年 wǔ nián

2 時間量補語

C-12 A 我每天八点去上班，工作八个小时。
　　　　Wǒ měitiān bā diǎn qù shàngbān, gōngzuò bā ge xiǎoshí.
　　 B 她每天弹三十分钟钢琴。
　　　　Tā měitiān tán sānshí fēnzhōng gāngqín.

  動詞＋時間量補語（＋目的語）　「どのくらいの時間～する」

  ▶「時間量補語」は，動作や状態の継続時間を表す。
  ▶時点（年月日，曜日，時刻など）は動詞の前に置くのに対し，時間量（時間の長さ）は動詞の後に置く。
  ▶目的語はふつう，時間量補語の後に置く。

3 前置詞"从""到""离"

C-13 A 从星期一到星期六我都有课。　Cóng xīngqīyī dào xīngqīliù wǒ dōu yǒu kè.
　　 B 洗手间离这儿很近。　　　　　Xǐshǒujiān lí zhèr hěn jìn.

  ▶"从"「～から」は起点，"到"「～まで」は到達点を表す。

  A＋"离"＋B＋"远／近"　「AはBから遠い／近い」

  ▶"离"「～から」は二つの地点の隔たりを表すときに用いる。

本 文

陈红（Chén Hóng）のお父さんは，香港とマカオへ行くことになりました。

C-14
C-15

陈红：我 爸爸 下个 月 去 香港 和 澳门。
　　　Wǒ bàba xiàge yuè qù Xiānggǎng hé Àomén.

张平：是 吗？从 北京 到 香港 要 多 长 时间？
　　　Shì ma? Cóng Běijīng dào Xiānggǎng yào duō cháng shíjiān?

陈红：要 三 个 半 小时。
　　　Yào sān ge bàn xiǎoshí.

张平：澳门 离 香港 远 吗？
　　　Àomén lí Xiānggǎng yuǎn ma?

陈红：不 远，坐 大巴 只 要 半 个 小时。
　　　Bù yuǎn, zuò dàbā zhǐ yào bàn ge xiǎoshí.

张平：欸，那么 近？！
　　　Éi, nàme jìn?!

> チャレンジ

◀ C-16 ① 我每天看半个小时电视。 Wǒ měitiān kàn bàn ge xiǎoshí diànshì.

小说 xiǎoshuō

报 bào

◀ C-17 ② 车站离这儿远不远？ Chēzhàn lí zhèr yuǎn bu yuǎn?

医院 yīyuàn

电影院 diànyǐngyuàn

> 新出語句

◀ C-18

~分钟 fēnzhōng 量 ~分間
一刻钟 yí kè zhōng 15分間
~个小时 ge xiǎoshí ~時間
~个星期 ge xīngqī ~週間
~个月 ge yuè ~か月間
~天 tiān 量 ~日間
~年 nián 量 ~年間
弹 tán 動 弾く
钢琴 gāngqín 名 ピアノ
从~ cóng 前 ~から
到~ dào 前 ~まで
离~ lí 前 ~から
近 jìn 形 近い
远 yuǎn 形 遠い

下个月 xiàge yuè 来月
香港 Xiānggǎng 名 香港
~和… hé 接 ~と…
澳门 Àomén 名 マカオ
要 yào 動 （時間やお金が）かかる
多长 duō cháng どれくらい長い
时间 shíjiān 名 時間
大巴 dàbā 名 大型バス
欸 éi 感 えっ。あれっ。いぶかる気持ちを表す
那么 nàme 代 あんなに。そんなに
小说 xiǎoshuō 名 小説
报 bào 名 新聞
医院 yīyuàn 名 病院
电影院 diànyǐngyuàn 名 映画館

> ドリル

1 まず質問文を書き取り，次に本文の内容に基づき中国語で答えなさい。

C-19

① 質問：＿＿＿＿＿＿＿＿＿＿＿＿＿＿　　答え：＿＿＿＿＿＿＿＿＿＿

② 質問：＿＿＿＿＿＿＿＿＿＿＿＿＿＿　　答え：＿＿＿＿＿＿＿＿＿＿

③ 質問：＿＿＿＿＿＿＿＿＿＿＿＿＿＿　　答え：＿＿＿＿＿＿＿＿＿＿

2 実際の状況に基づき中国語で答えなさい。答えは省略のない文の形であること。

① Yì nián yǒu duōshao ge yuè?　＿＿＿＿＿＿＿＿＿＿＿＿＿＿＿＿＿

② Yì tiān yǒu duōshao ge xiǎoshí?　＿＿＿＿＿＿＿＿＿＿＿＿＿＿＿＿＿

③ Yí ge xiǎoshí yǒu duōshao fēnzhōng?　＿＿＿＿＿＿＿＿＿＿＿＿＿＿＿＿＿

3 日本語の意味に合うように，（　）内の語句を並べ替えなさい。

① 私は彼女に手紙を一通書いた。（一封　了　我　她　写　给　信）

② 上海は北京からそれほど遠くない。（远　离　不　上海　北京　太）

③ 私は一時間半卓球をしたい。（乒乓球　一个　我　小时　打　半　想）

④ 私は彼に二度電話をかけたことがある。（我　他　电话　给　两次　打过）

⑤ ここからあそこまで五分しかかからない。（要　到　从　五分钟　只　这儿　那儿）

第 17 课
Dì shíqī kè

文 法

1　助動詞 "会"

C-20
A　我会说普通话。　　　　　　　Wǒ huì shuō pǔtōnghuà.
B　她不会游泳。　　　　　　　　Tā bú huì yóuyǒng.

|"会"＋動詞（句）|　「(学習や訓練によって) ～することができる」

▶ "会" は，習得を表す。
▶ 否定形は "不会"。

2　助動詞 "能"

C-21
A　我一天能走五十公里。　　　　Wǒ yì tiān néng zǒu wǔshí gōnglǐ.
B　你明天几点能来？　　　　　　Nǐ míngtiān jǐ diǎn néng lái?
　　——我明天没有时间，不能去。　Wǒ míngtiān méiyǒu shíjiān, bù néng qù.

|"能"＋動詞（句）|　「(能力や条件が備わっていて) ～することができる」

▶ "能" は，可能を表す。
▶ 否定形は "不能"。

3　主述述語文

C-22
A　我肚子饿了。　　　　　　　　Wǒ dùzi è le.
B　汉语发音比较难。　　　　　　Hànyǔ fāyīn bǐjiào nán.

|主語＋述語〔主語＋述語〕|　「～は…が～だ」

▶ 述語が，さらに主語と述語で構成されている文を，「主述述語文」という。日本語の「象は鼻が長い」と同じ構文。

本 文

张平（Zhāng Píng）は陈红（Chén Hóng）をテニスに誘います。

C-23
C-24

张平：你 会 打 网球 吗？
　　　Nǐ huì dǎ wǎngqiú ma?

陈红：会。我 很 喜欢 打 网球。
　　　Huì. Wǒ hěn xǐhuan dǎ wǎngqiú.

张平：那 我们 现在 去 打 吧。
　　　Nà wǒmen xiànzài qù dǎ ba.

陈红：对不起，今天 我 不 能 打。
　　　Duìbuqǐ, jīntiān wǒ bù néng dǎ.

张平：为 什么？
　　　Wèi shénme?

陈红：我 身体 不 舒服。改天 打 吧。
　　　Wǒ shēntǐ bù shūfu. Gǎitiān dǎ ba.

> チャレンジ

🔊 C-25 ① 我爸爸不会游泳。　Wǒ bàba bú huì yóuyǒng.

抽烟 chōuyān

打麻将 dǎ májiàng

🔊 C-26 ② 她喝酒了，不能开车。　Tā hē jiǔ le, bù néng kāichē.

跳舞 tiàowǔ

骑自行车 qí zìxíngchē

> 新出語句

🔊 C-27

会～	huì	助動 （学習や訓練によって）～することができる
普通话	pǔtōnghuà	名 標準語
游泳	yóuyǒng	動 泳ぐ
能～	néng	助動 （能力や条件が備わっていて）～することができる
走	zǒu	動 歩く。立ち去る
～公里	gōnglǐ	量 ～キロメートル
肚子	dùzi	名 お腹
发音	fāyīn	名 発音

网球	wǎngqiú	名 テニス
为什么	wèi shénme	なぜ
身体	shēntǐ	名 身体
舒服	shūfu	形 体調，気分などがよい
抽烟	chōuyān	動 タバコを吸う
麻将	májiàng	名 マージャン
酒	jiǔ	名 酒
跳舞	tiàowǔ	動 ダンスをする
骑	qí	動 （自転車，バイクなどに）乗る
自行车	zìxíngchē	名 自転車

ドリル

1 まず質問文を書き取り，次に本文の内容に基づき中国語で答えなさい。

C-28
① 質問： _____ 答え： _____

② 質問： _____ 答え： _____

③ 質問： _____ 答え： _____

2 球技の名前を発音します。漢字で書き取りなさい。

C-29
① _____   ② _____

③ _____   ④ _____

3 日本語の意味に合うように，中国語の誤りを直しなさい。

① 银行从这儿不太远。【銀行はここからそれほど遠くありません。】
_____

② 我不买过汽车。【私は車を買ったことがありません。】
_____

③ 我今天不会游泳。【私は今日，泳ぐことができません。】
_____

④ 我看书去图书馆。【私は本を読みに図書館へ行きます。】
_____

⑤ 咱们学习一学习英语吧。【英語をちょっと勉強しましょう。】
_____

第 18 课

文 法

1 比 較

C-30
- A 地铁比公共汽车快。　　Dìtiě bǐ gōnggòng qìchē kuài.
- B 我哥哥比我大两岁。　　Wǒ gēge bǐ wǒ dà liǎng suì.
- C 黄河没有长江长。　　　Huánghé méiyǒu Chángjiāng cháng.
- D 她的爱好跟我的一样。　Tā de àihào gēn wǒ de yíyàng.

| A＋"比"＋B＋形容詞（＋差の量） |　「AはBより（どれだけ）〜だ」

▶どのくらい差があるかを表す「差の量」を言うときには，形容詞の後に置く。

▶否定形は | A＋"没有"＋B＋形容詞 |　「AはBほど〜でない」

| A＋"跟"＋B＋"一样"（＋形容詞） |　「AはBと同じ（に〜）だ」

▶二つの物事が，比べて同じときに用いる。

2 "多"＋形容詞

C-31
- A 你(有)多重？　　　　　Nǐ (yǒu) duō zhòng?
- ——我(有)五十三公斤。　Wǒ (yǒu) wǔshisān gōngjīn.

| "多"＋形容詞 |　「どのくらい〜か」

▶"多"の前に"有"を置く場合もある。

3 年齢の尋ね方

C-32
- A 你女儿几岁了？　　　　Nǐ nǚ'ér jǐ suì le?
- B 你今年多大了？　　　　Nǐ jīnnián duō dà le?
- C 你奶奶多大岁数？　　　Nǐ nǎinai duō dà suìshu?

▶"几岁"は10歳以下が予想される子供，"多大"は若者，同年代の人，"多大岁数""多大年纪 niánjì"は目上の人に対して用いる。

本 文

陈红（Chén Hóng）は，张平（Zhāng Píng）の従妹(いとこ)の写真を見ています。

C-33
C-34

陈红：你 表妹 今年 多 大 了？
　　　Nǐ biǎomèi jīnnián duō dà le?

张平：比 我 小 两 岁。
　　　Bǐ wǒ xiǎo liǎng suì.

陈红：她 有 多 高？
　　　Tā yǒu duō gāo?

张平：跟 我 一样，一 米 七 二。
　　　Gēn wǒ yíyàng, yì mǐ qī èr.

陈红：她 真 漂亮！
　　　Tā zhēn piàoliang!

张平：她 没有 你 漂亮。
　　　Tā méiyǒu nǐ piàoliang.

> チャレンジ

◀ C-35 ① 我比他高两公分。 Wǒ bǐ tā gāo liǎng gōngfēn.

高一点儿 gāo yìdiǎnr

矮二十公分 ǎi èrshí gōngfēn

◀ C-36 ② 这个跟那个一样好吃。 Zhèige gēn nèige yíyàng hǎochī.

好看 hǎokàn

好喝 hǎohē

> 新出語句

◀ C-37

比〜 bǐ 前 〜より。〜に比べて
公共汽车 gōnggòng qìchē 名 バス
快 kuài 形 速い
大 dà 形 年上である
〜岁 suì 量 〜歳
黄河 Huánghé 名 黄河
长江 Chángjiāng 名 長江
长 cháng 形 長い
爱好 àihào 名 趣味
一样 yíyàng 形 同じである
多 duō 副 どのくらい
重 zhòng 形 重い
〜公斤 gōngjīn 量 〜キログラム
女儿 nǚ'ér 名 娘

多大 duō dà 何歳か。(年齢について)どれくらいの
岁数 suìshu 名 年齢
年纪 niánjì 名 年齢
表妹 biǎomèi 名 (父の姉妹,母の兄弟姉妹の娘で年下の)いとこ
小 xiǎo 形 年下である
高 gāo 形 高い
〜米 mǐ 量 〜メートル
〜公分 gōngfēn 量 〜センチメートル
一点儿 yìdiǎnr 少し
矮 ǎi 形 (身長が)低い
好看 hǎokàn 形 美しい
好喝 hǎohē 形 (飲んで)おいしい

> ドリル

1 まず質問文を書き取り，次に本文の内容に基づき中国語で答えなさい。

C-38
① 質問：＿＿＿＿＿＿＿＿＿＿＿＿＿＿＿　答え：＿＿＿＿＿＿＿＿＿＿

② 質問：＿＿＿＿＿＿＿＿＿＿＿＿＿＿＿　答え：＿＿＿＿＿＿＿＿＿＿

③ 質問：＿＿＿＿＿＿＿＿＿＿＿＿＿＿＿　答え：＿＿＿＿＿＿＿＿＿＿

2 まず質問文を書き取り，次に実際の状況に基づき中国語で答えなさい。

C-39
① 質問：＿＿＿＿＿＿＿＿＿＿＿＿＿＿＿　答え：＿＿＿＿＿＿＿＿＿＿

② 質問：＿＿＿＿＿＿＿＿＿＿＿＿＿＿＿　答え：＿＿＿＿＿＿＿＿＿＿

③ 質問：＿＿＿＿＿＿＿＿＿＿＿＿＿＿＿　答え：＿＿＿＿＿＿＿＿＿＿

3 日本語の意味に合うように，（　）内の語句を並べ替えなさい。

① 彼女の辞書は私のと同じです。（词典　我　她　一样　跟　的　的）

＿＿＿＿＿＿＿＿＿＿＿＿＿＿＿＿＿＿＿＿＿＿＿＿＿＿＿＿＿＿＿＿

② フランス語は英語よりも少し難しい。（法语　英语　一点儿　难　比）

＿＿＿＿＿＿＿＿＿＿＿＿＿＿＿＿＿＿＿＿＿＿＿＿＿＿＿＿＿＿＿＿

③ このネクタイはあれほど高くありません。（这条　那条　贵　没有　领带）

＿＿＿＿＿＿＿＿＿＿＿＿＿＿＿＿＿＿＿＿＿＿＿＿＿＿＿＿＿＿＿＿

第 19 课

文法

1 "是～的"構文

C-40
A 你昨天（是）几点吃的晚饭？　　Nǐ zuótiān (shì) jǐ diǎn chī de wǎnfàn?
B 你（是）怎么来的学校？　　Nǐ (shì) zěnme lái de xuéxiào?
　——我（是）坐电车来的。　　Wǒ (shì) zuò diànchē lái de.

　("是"＋) 取り立て要素＋動詞＋"的"（＋目的語）　「～したのである」

▶すでに行われたことについて，時間，場所，方法などの要素を取り立てて話すときに用いる。
▶否定文以外は"是"を省略できる。
▶動詞が目的語を伴う場合，目的語はふつう"的"の後に置く。

2 100以上の数

C-41
一百　yìbǎi（100）　　一百零五　yìbǎi líng wǔ（105）
一千　yìqiān（1000）　　一千零五　yìqiān líng wǔ（1005）
一万　yíwàn（10000）

▶100は日本語では「百」だが，中国語では"一百"となる。
▶中間のケタがゼロの場合，"零"を入れる。ゼロがいくつ続いても"零"は一つでよい。

3 金額の言い方

C-42
A 这个包子多少钱？　　Zhèige bāozi duōshao qián?
　——两块三（毛）。　　Liǎng kuài sān (máo).

B

書き言葉	話し言葉
元 yuán	块 kuài
角 jiǎo	毛 máo
分 fēn	分 fēn

▶1元 = 10角　　1角 = 10分
▶最後の単位は省略できる。

本 文

陈红（Chén Hóng）は张平（Zhāng Píng）が持っているカメラについて尋ねます。

C-43
C-44

陈红：你 的 相机 是 什么 时候 买 的？
　　　Nǐ de xiàngjī shì shénme shíhou mǎi de?

张平：两 年 前 买 的。
　　　Liǎng nián qián mǎi de.

陈红：在 哪儿 买 的？
　　　Zài nǎr mǎi de?

张平：在 上海 买 的。
　　　Zài Shànghǎi mǎi de.

陈红：多少 钱？
　　　Duōshao qián?

张平：九百 块。
　　　Jiǔbǎi kuài.

> チャレンジ

C-45 ① 我是在机场买的机票。 Wǒ shì zài jīchǎng mǎi de jīpiào.

车站　车票
chēzhàn　chēpiào

邮局　邮票
yóujú　yóupiào

C-46 ② 我买两个包子，一共多少钱？ Wǒ mǎi liǎng ge bāozi, yígòng duōshao qián?
　　　——一共四块六毛。 Yígòng sì kuài liù máo.

西瓜　二十二块八毛
xīguā èrshi'èr kuài bā máo

书包　五百六十块
shūbāo　wǔbǎi liùshí kuài

> 新出語句

C-47
晚饭　wǎnfàn　名 夕食
电车　diànchē　名 電車
百　bǎi　数 百
千　qiān　数 千
万　wàn　数 万
包子　bāozi　名（中にあんの入った）中華まんじゅう
钱　qián　名 お金
～元　yuán　量 ～元（お金の単位）
～角　jiǎo　量 ～角（お金の単位）
～分　fēn　量 ～分（お金の単位）
～块　kuài　量 お金の単位。"元"の話し言葉

～毛　máo　量 お金の単位。"角"の話し言葉
相机　xiàngjī　名 カメラ
前　qián　名（時間的に）前
机场　jīchǎng　名 空港
机票　jīpiào　名 航空券
车票　chēpiào　名 乗車券
邮票　yóupiào　名 切手
一共　yígòng　副 全部で
西瓜　xīguā　名 スイカ
书包　shūbāo　名（学生の）かばん

ドリル

1 まず質問文を書き取り，次に実際の状況に基づき中国語で答えなさい。

C-48

① 質問：＿＿＿＿＿＿＿＿＿＿＿＿＿＿＿＿＿　答え：＿＿＿＿＿＿＿＿＿＿

② 質問：＿＿＿＿＿＿＿＿＿＿＿＿＿＿＿＿＿　答え：＿＿＿＿＿＿＿＿＿＿

③ 質問：＿＿＿＿＿＿＿＿＿＿＿＿＿＿＿＿＿　答え：＿＿＿＿＿＿＿＿＿＿

2 数字を発音します。洋数字で書き取りなさい。

C-49

① ＿＿＿＿＿　　② ＿＿＿＿＿　　③ ＿＿＿＿＿

④ ＿＿＿＿＿　　⑤ ＿＿＿＿＿　　⑥ ＿＿＿＿＿

3 日本語の意味に合うように，（　）内の語句を並べ替えなさい。

① 私は飛行機に乗って来たのではありません。(是　来　我　坐　的　不　飞机)

② 彼はだれといっしょに行ったのですか。(一起　他　的　是　谁　去　跟)

③ 彼は千九百何年に日本へ来たのですか。(的　日本　一九几几年　他　来　是)

④ 上海行きの乗車券はいくらですか。(车票　上海　去　多少钱　的)

⑤ 彼は全部で何枚の切手を買いましたか。(了　他　邮票　买　张　一共　几)

文法

1 状態補語

C-50
A 她跑得很慢。　　　　　　Tā pǎo de hěn màn.
B 你（说）汉语说得怎么样？　Nǐ (shuō) Hànyǔ shuō de zěnmeyàng?

動詞＋"得"＋状態補語　「～するのが…だ」

▶「状態補語」は，動作がどのように行われるかを表す。
▶"怎么样"を状態補語の位置に置くと，「どのように動作が行われるか」を尋ねる疑問文となる。
▶否定形は，"不"を状態補語の前に置く。
　　她跑得不慢。

（動詞＋）目的語＋同じ動詞＋"得"＋状態補語

▶目的語がある場合，動詞を繰り返す。前の動詞は省略できる。

2 二重目的語

C-51
A 她教我们中国历史。　　　　Tā jiāo wǒmen Zhōngguó lìshǐ.
B 我问了老师很多问题。　　　Wǒ wènle lǎoshī hěn duō wèntí.

動詞＋間接目的語＋直接目的語　「だれだれに何々を～する」

▶一部の動詞は，間接目的語「だれだれに」，直接目的語「何々を」という二つの目的語をとることができる。

3 "有点儿"

C-52
A 这件衣服有点儿贵。　　　　Zhèi jiàn yīfu yǒudiǎnr guì.
B 她今天有点儿不高兴。　　　Tā jīntiān yǒudiǎnr bù gāoxìng.

"有点儿"＋形容詞　「少し～」

▶話し手の望ましくないという主観的な気持ちを含んでいる。

本 文

张平（Zhāng Píng）と陈红（Chén Hóng）はテニスをしています。

C-53
C-54

陈红：你 打 网球 打 得 真 好。
　　　Nǐ dǎ wǎngqiú dǎ de zhēn hǎo.

张平：是 吗？咱们 休息 休息 吧。
　　　Shì ma? Zánmen xiūxi xiūxi ba.

陈红：好。你 渴 了 吧？
　　　Hǎo. Nǐ kě le ba?

张平：有点儿 渴 了。
　　　Yǒudiǎnr kě le.

陈红：给 你 一 瓶 矿泉水。
　　　Gěi nǐ yì píng kuàngquánshuǐ.

张平：太 好 了，谢谢。
　　　Tài hǎo le, xièxie.

> チャレンジ

◀ C-55　① 你说英语说得好吗？　Nǐ shuō Yīngyǔ shuō de hǎo ma?

唱歌儿 chàng gēr

画画儿 huà huàr

◀ C-56　② 请告诉我你的名字。　Qǐng gàosu wǒ nǐ de míngzi.

地址 dìzhǐ

电话号码 diànhuà hàomǎ

> 新出語句

◀ C-57

跑　pǎo　動　走る
～得…　de　助　～するのが…だ（状態補語を導く）
慢　màn　形　遅い
教　jiāo　動　教える
历史　lìshǐ　名　歴史
问　wèn　動　尋ねる
问题　wèntí　名　問題
～件　jiàn　量　～枚。～着（上着類を数える）
有点儿　yǒudiǎnr　副　（望ましくないことについて）少し
高兴　gāoxìng　形　うれしい
休息　xiūxi　動　休む
好　hǎo　形　（同意を表す）よろしい。よい

渴　kě　形　のどが渇いている
给　gěi　動　与える
～瓶　píng　量　～本（瓶に入ったものを数える）
矿泉水　kuàngquánshuǐ　名　ミネラルウォーター
太～了　tài～le　極めて～である。あまりにも～である
唱　chàng　動　歌う
歌儿　gēr　名　歌
画　huà　動　（絵を）描く
画儿　huàr　名　絵
告诉　gàosu　動　告げる。教える
地址　dìzhǐ　名　住所
号码　hàomǎ　名　番号

ドリル

1 まず質問文を書き取り，次に本文の内容に基づき中国語で答えなさい。

C-58

① 質問：_____　答え：_____

② 質問：_____　答え：_____

③ 質問：_____　答え：_____

2 実際の状況に基づき中国語で答えなさい。答えは省略のない文の形であること。

① Nǐ chàng gēr chàng de zěnmeyàng?　_____

② Zhōngguó lǎoshī jiāo nǐmen Hànyǔ ma?　_____

③ Nǐ de diànhuà hàomǎ shì duōshao?　_____

3 日本語の意味に合うように，（　）内の語句を並べ替えなさい。

① 私は少し気分がよくない。（舒服　我　不　有点儿）

_____

② 今日は昨日よりも少し寒い。（一点儿　冷　今天　昨天　比）

_____

③ 私はすぐに彼に手紙を書きます。（给　我　信　写　马上　他）

_____

④ 私に航空券を二枚下さい。（给　机票　我　请　两张）

_____

⑤ 私はピアノを弾くのが上手ではない。（弹　得　好　钢琴　我　不）

_____

第21课

文法

1 方向補語

🔊 C-59　A　他们回去了。　　　　　Tāmen huíqu le.
　　　　　B　老师进教室来了。　　　Lǎoshī jìn jiàoshì lai le.

> 動詞＋方向補語〔"来／去"〕　「〜してくる／いく」

▶「方向補語」は，動作が行われる方向を表す。
▶目的語は，"来""去"の前に置く。

2 進行の"在"

🔊 C-60　A　我女儿在睡觉。　　　　Wǒ nǚ'ér zài shuìjiào.
　　　　　B　我儿子在做作业呢。　　Wǒ érzi zài zuò zuòyè ne.

> "在"＋動詞（句）（＋"呢"）　「〜しているところだ」

▶動詞の前に副詞"在"を用いて，動作の進行を表す。文末にしばしば"呢"を伴う。

3 禁　止

🔊 C-61　A　别说话。　　　　　　　Bié shuōhuà.
　　　　　B　别在床上抽烟。　　　　Bié zài chuángshang chōuyān.

▶"别〜"は禁止を表す。「〜してはいけない」

本 文

陈红 (Chén Hóng) は，张平 (Zhāng Píng) の寮の部屋に遊びに来ました。

C-62
C-63

张平：请 坐。你 喝 什么？
　　　Qǐng zuò. Nǐ hē shénme?

陈红：我 喝 咖啡，请 别 放 糖。
　　　Wǒ hē kāfēi, qǐng bié fàng táng.

张平：这 是 我 从 上海 买来 的 巧克力。
　　　Zhè shì wǒ cóng Shànghǎi mǎilai de qiǎokèlì.

陈红：谢谢。但是 我 现在 不 能 吃。
　　　Xièxie. Dànshì wǒ xiànzài bù néng chī.

张平：为 什么？
　　　Wèi shénme?

陈红：我 在 减肥 呢。
　　　Wǒ zài jiǎnféi ne.

> チャレンジ

■ C-64　① 她已经回来了。　Tā yǐjīng huílai le.

出去 chūqu

下来 xiàlai

■ C-65　② 他在洗脸呢。　Tā zài xǐliǎn ne.

洗澡 xǐzǎo

刷牙 shuāyá

> 新出語句

■ C-66

进　jìn　動　入る
在～　zài　副　～している
睡觉　shuìjiào　動　眠る
儿子　érzi　名　息子
做　zuò　動　する。作る
作业　zuòyè　名　宿題。課題
～呢　ne　助　～している
别～　bié　副　～してはいけない
说话　shuōhuà　動　話をする
坐　zuò　動　座る

放　fàng　動　入れる
糖　táng　名　砂糖
巧克力　qiǎokèlì　名　チョコレート
但是　dànshì　接　しかし
减肥　jiǎnféi　動　ダイエットする
出　chū　動　出る
下　xià　動　下りる。下がる
洗脸　xǐliǎn　動　顔を洗う
洗澡　xǐzǎo　動　入浴する。体を洗う
刷牙　shuāyá　動　歯を磨く

> ドリル

1 まず質問文を書き取り，次に本文の内容に基づき中国語で答えなさい。

① 質問：_____ 答え：_____

② 質問：_____ 答え：_____

③ 質問：_____ 答え：_____

2 日本語の意味に合うように，（　）内の語句を並べ替えなさい。

① 彼は電話をかけているところです。（在　他　电话　呢　打）

_____

② ここで電話をかけてはいけません。（在　电话　这儿　打　别）

_____

③ 私の携帯電話はテーブルの上にある。（在　的　桌子上　手机　我）

_____

3 日本語の意味に合うように，中国語の誤りを直しなさい。

① 他想回来日本。【彼は日本へ戻ってきたい。】

_____

② 我给你告诉怎么去吧。【どうやって行くのか，あなたに教えてあげましょう。】

_____

③ 我昨天吃的菜很好吃了。【私が昨日食べた料理はとてもおいしかった。】

_____

④ 哥哥比我五岁大。【兄は私より五歳年上です。】

_____

⑤ 他两次去过美国。【彼は二度アメリカへ行ったことがある。】

_____

文法

1 結果補語

🔊 C-68
A 我们准备好了。　　　　　Wǒmen zhǔnbèihǎo le.
B 老师的话，你听懂了吗？　Lǎoshī de huà, nǐ tīngdǒng le ma?
　——我没听懂。　　　　　Wǒ méi tīngdǒng.

動詞＋結果補語

▶「結果補語」は，動作の結果を表す。
▶否定形は，"没（有）"を「動詞＋結果補語」の前に置く。

2 処置文

🔊 C-69
A 他把生日礼物带来了。　　Tā bǎ shēngrì lǐwù dàilai le.
B 我还没把作业做完。　　　Wǒ hái méi bǎ zuòyè zuòwán.

"把"＋目的語＋動詞＋付加成分　「～を…する」

▶"把"によって目的語を動詞の前に出し，その目的語に対して何らかの直接的な変化を与える（処置する）ことを表す文を，「処置文」という。
▶動詞の後は，補語，"了"，重ね型などの付加成分がつく。
▶否定形は，"不""没（有）"を"把"の前に置く。

3 助動詞 "可以"

🔊 C-70
A 这儿可以抽烟吗？　　　　Zhèr kěyǐ chōuyān ma?
　——这儿不能抽烟。　　　Zhèr bù néng chōuyān.

"可以"＋動詞（句）　「～してよい」

▶"可以"は許可を表す。
▶否定形は"不能"。

本文

张平（Zhāng Píng）は，携帯電話をなくしました。

C-71
C-72

张平：昨天 我 把 手机 丢 了。
　　　Zuótiān wǒ bǎ shǒujī diū le.

陈红：找到 了 吗？
　　　Zhǎodào le ma?

张平：还 没有。
　　　Hái méiyǒu.

陈红：别 着急，一定 能 找到。
　　　Bié zháojí, yídìng néng zhǎodào.

张平：我 可以 用 一下 你 的 手机 吗？
　　　Wǒ kěyǐ yòng yíxià nǐ de shǒujī ma?

陈红：当然 可以。
　　　Dāngrán kěyǐ.

> チャレンジ

C-73　① 我还没看完。　Wǒ hái méi kànwán.

记住 jìzhù

吃饱 chībǎo

C-74　② 我把圆珠笔丢了。　Wǒ bǎ yuánzhūbǐ diū le.

钥匙 yàoshi

信用卡 xìnyòngkǎ

新出語句

C-75
- 准备　zhǔnbèi　動　準備する
- 话　huà　名　話
- 懂　dǒng　動　わかる
- 把～…　bǎ　前　～を…する
- 生日　shēngrì　名　誕生日
- 礼物　lǐwù　名　プレゼント
- 带　dài　動　携帯する。持つ
- 完　wán　動　終える
- 丢　diū　動　なくす
- 找　zhǎo　動　探す
- 到　dào　動　到達する
- 着急　zháojí　動　焦る
- 一定　yídìng　副　きっと。必ず
- 可以～　kěyǐ　助動　～してよい
- 用　yòng　動　使う。用いる
- 一下　yíxià　（動詞の後に置き）ちょっと～する
- 当然　dāngrán　副　もちろん
- 记　jì　動　覚える
- 住　zhù　動　とどめる
- 饱　bǎo　形　満腹である
- 钥匙　yàoshi　名　鍵
- 信用卡　xìnyòngkǎ　名　クレジットカード

> ドリル

1 まず質問文を書き取り，次に本文の内容に基づき中国語で答えなさい。

C-76

① 質問：＿＿＿＿＿＿＿＿＿＿＿＿＿＿＿　答え：＿＿＿＿＿＿＿＿＿＿

② 質問：＿＿＿＿＿＿＿＿＿＿＿＿＿＿＿　答え：＿＿＿＿＿＿＿＿＿＿

③ 質問：＿＿＿＿＿＿＿＿＿＿＿＿＿＿＿　答え：＿＿＿＿＿＿＿＿＿＿

2 実際の状況に基づき中国語で答えなさい。答えは省略のない文の形であること。

① Nǐ xiǎng bu xiǎng xuéhǎo Hànyǔ?

② Nǐ jīntiān bǎ yǔsǎn dàilai le ma?

③ Túshūguǎnli kěyǐ chī dōngxi ma?

3 日本語の意味に合うように，中国語の誤りを直しなさい。

① 她昨天把中国去了。【彼女は昨日，中国へ行った。】

② 我把蛋糕还没吃完。【私はケーキをまだ食べ終えていません。】

③ 她看书得不太快。【彼女は本を読むのがあまり速くない。】

④ 这儿有千百五个人。【ここに1105人います。】

⑤ 你明天是在哪儿吃的晚饭？【あなたは明日どこで夕食を食べますか。】

文法

1 受け身文

C-77
A 她的电子词典被朋友拿走了。　Tā de diànzǐ cídiǎn bèi péngyou názǒu le.
B 我的钱包被偷了。　Wǒ de qiánbāo bèi tōu le.

動作の受け手＋"被"（＋動作の主体）＋動詞＋付加成分 「～に…される」

▶「受け身文」は，何らかの被害をこうむったというニュアンスをもつことが多い。
▶動詞の後は，補語や"了"などの付加成分がつく。
▶動作の主体は，省略することができる。
▶否定形は，"不""没（有）"を"被"の前に置く。

2 使役文

C-78
A 老师让学生背课文。　Lǎoshī ràng xuésheng bèi kèwén.
B 爸爸不让我看电视。　Bàba bú ràng wǒ kàn diànshì.

主語＋"让"＋人＋動詞 「～〔人〕に…させる」

▶"让"は使役を表す。
▶否定形は，"不""没（有）"を"让"の前に置く。

3 補語のまとめ

C-79
A 这本书我看过两遍。　Zhèi běn shū wǒ kànguo liǎng biàn.　動作量補語（→第15課）
B 我看了一个小时书。　Wǒ kànle yí ge xiǎoshí shū.　時間量補語（→第16課）
C 我看书看得很慢。　Wǒ kàn shū kàn de hěn màn.　状態補語　（→第20課）
D 我把书买来了。　Wǒ bǎ shū mǎilai le.　方向補語　（→第21課）
E 这本书我看完了。　Zhèi běn shū wǒ kànwán le.　結果補語　（→第22課）

本 文

陈红（Chén Hóng）はいつも図書館にパソコンを持ち込んで勉強していますが，今日は持ってきませんでした。

C-80
C-81

张平：你 今天 为 什么 没 把 电脑 带来？
　　　Nǐ jīntiān wèi shénme méi bǎ diànnǎo dàilai?

陈红：我 的 电脑 被 病毒 感染 了。
　　　Wǒ de diànnǎo bèi bìngdú gǎnrǎn le.

张平：还 没 修好 吗？
　　　Hái méi xiūhǎo ma?

陈红：还 没有。我 不 知道 怎么 修。
　　　Hái méiyǒu. Wǒ bù zhīdào zěnme xiū.

张平：我 朋友 会 修，让 他 修 吧。
　　　Wǒ péngyou huì xiū, ràng tā xiū ba.

陈红：真 的？太 好 了！
　　　Zhēn de? Tài hǎo le!

> チャレンジ

C-82 ① 我的钱包被人偷了。 Wǒ de qiánbāo bèi rén tōu le.

护照 hùzhào

身份证 shēnfènzhèng

C-83 ② 我妈妈不让我打工。 Wǒ māma bú ràng wǒ dǎgōng.

滑雪 huáxuě

玩儿游戏 wánr yóuxì

> 新出語句

C-84
电子词典　diànzǐ cídiǎn　图　電子辞書
被～…　bèi　介　～に…される
拿　ná　動　持つ。取る
钱包　qiánbāo　图　財布
偷　tōu　動　盗む
让～…　ràng　動　～に…させる
背　bèi　動　暗記する。暗唱する
课文　kèwén　图　教科書の本文
病毒　bìngdú　图　ウイルス

感染　gǎnrǎn　動　感染する
修　xiū　動　修理する
知道　zhīdào　動　わかる。知っている
真的　zhēn de　本当である
护照　hùzhào　图　パスポート
身份证　shēnfènzhèng　图　身分証
滑雪　huáxuě　動　スキーをする
玩儿　wánr　動　遊ぶ。(娯楽活動を) する
游戏　yóuxì　图　ゲーム

ドリル

1 まず質問文を書き取り，次に本文の内容に基づき中国語で答えなさい。

C-85
① 質問：＿＿＿＿＿＿＿＿＿＿＿＿＿＿　答え：＿＿＿＿＿＿＿＿＿＿＿＿＿

② 質問：＿＿＿＿＿＿＿＿＿＿＿＿＿＿　答え：＿＿＿＿＿＿＿＿＿＿＿＿＿

③ 質問：＿＿＿＿＿＿＿＿＿＿＿＿＿＿　答え：＿＿＿＿＿＿＿＿＿＿＿＿＿

2 日本語の意味に合うように，（　）内の語句を並べ替えなさい。

① 彼の自転車は弟に乗っていかれた。（弟弟　被　他　走　骑　了　自行车　的）

② 私にちょっと話させてください。（说　我　让　一　请　说）

③ 父は私が彼と結婚することを許さない。（结婚　不　跟　我爸爸　他　我　让）

3 下線部の前置詞の用法に注意しながら，ピンインを中国語に直しなさい。

① Wǒ <u>gēn</u> péngyou yìqǐ <u>zài</u> chāoshì dǎgōng.

② Yínháng <u>lí</u> wǒ jiā bù yuǎn.

③ Wǒ <u>cóng</u> sān hào <u>dào</u> bā hào qù lǚyóu.

④ Nǐ <u>bǎ</u> hùzhào hé jīpiào dàilai le ma?

⑤ Wǒ de xìnyòngkǎ <u>bèi</u> rén tōu le.

⑥ Māma <u>gěi</u> wǒ mǎile yì tiáo qúnzi.

文法

1 近い未来

C-86
A 比赛快要开始了。　　Bǐsài kuàiyào kāishǐ le.
B 她快要结婚了。　　　Tā kuàiyào jiéhūn le.

"快要~了"　「まもなく~する」
▶近い未来に起こるということを表す。

2 "越来越~"

C-87
A 天气越来越暖和了。　Tiānqì yuè lái yuè nuǎnhuo le.
B 她越来越漂亮了。　　Tā yuè lái yuè piàoliang le.

"越来越~"　「ますます~」
▶状況が時間の推移につれて発展していくことを表す。

3 複文

C-88
A 他不但会说法语，而且还会说德语。（累加）
　　Tā búdàn huì shuō Fǎyǔ, érqiě hái huì shuō Déyǔ.
B 他喜欢一边儿喝咖啡，一边儿看小说。（並列）
　　Tā xǐhuan yìbiānr hē kāfēi, yìbiānr kàn xiǎoshuō.
C 要是你饿了，我就给你做饭。（仮定）
　　Yàoshi nǐ è le, wǒ jiù gěi nǐ zuò fàn.

▶二つ以上の文が組み合わさって一つの文になっている文を「複文」という。
▶
不但~，而且…　「~だけでなく，その上…」
一边（儿）~，一边（儿）…　「~しながら，…する」
要是~（的话），（就）…　「もし~ならば，…」

本 文

张平（Zhāng Píng）は冬休み，上海の実家へ戻りました。张平は陈红（Chén Hóng）にメールを送ります。

C-89 陈　红：
C-90 Chén Hóng:

你　好。我　是　今天　早上　到　的　上海。我　爸爸　妈妈
Nǐ　hǎo. Wǒ　shì　jīntiān　zǎoshang　dào　de　Shànghǎi. Wǒ　bàba　māma

见到　我，都　非常　高兴。
jiàndào wǒ, dōu fēicháng gāoxìng.

今天　晚上　我　爸爸　给　我　炒了　很　多　菜。他　不但
Jīntiān wǎnshang wǒ bàba gěi wǒ chǎole hěn duō cài. Tā búdàn

喜欢　做　饭，而且　做　得　非常　好吃。我们　三　口　人　一边
xǐhuan zuò fàn, érqiě zuò de fēicháng hǎochī. Wǒmen sān kǒu rén yìbiān

吃　饭，一边　聊天儿，过　得　很　愉快。
chī fàn, yìbiān liáotiānr, guò de hěn yúkuài.

上海 的 变化 很 大。交通 越 来 越 方便 了，高楼 也
Shànghǎi de biànhuà hěn dà. Jiāotōng yuè lái yuè fāngbiàn le, gāolóu yě
越 来 越 多 了。要是 你 有 时间 的话，就 来 上海 玩儿
yuè lái yuè duō le. Yàoshi nǐ yǒu shíjiān dehuà, jiù lái Shànghǎi wánr
吧。
ba.

快要 到 春节 了，祝 你 新年 快乐！
Kuàiyào dào Chūnjié le, zhù nǐ xīnnián kuàilè!

张 平
Zhāng Píng

新出語句

C-91

快要~了	kuàiyào ~ le	まもなく~する
天气	tiānqì	名 天気
越来越~	yuè lái yuè	ますます~
不但~,而且…	búdàn ~, érqiě	~だけでなく, その上…
还	hái	副 (範囲の拡大を表す) さらに。また
一边(儿)~,一边(儿)…	yìbiān(r) ~, yìbiān(r)	~しながら, …する
要是~(的话),(就)…	yàoshi ~ (dehuà), (jiù)	もし~ならば, …
见	jiàn	動 会う
炒	chǎo	動 炒める
~口	kǒu	量 ~人 (家族の人数を数える)
聊天儿	liáotiānr	動 おしゃべりする
过	guò	動 過ごす
愉快	yúkuài	形 愉快である
变化	biànhuà	名 変化
交通	jiāotōng	名 交通
方便	fāngbiàn	形 便利である
高楼	gāolóu	名 ビル
春节	Chūnjié	名 春節
新年	xīnnián	名 新年
快乐	kuàilè	形 楽しい

[ドリル]

1 まず質問文を書き取り，次に本文の内容に基づき中国語で答えなさい。

C-92
① 質問： ＿＿＿＿＿＿＿＿＿＿＿＿＿＿＿＿　答え： ＿＿＿＿＿＿＿＿＿＿＿＿＿＿＿＿

② 質問： ＿＿＿＿＿＿＿＿＿＿＿＿＿＿＿＿　答え： ＿＿＿＿＿＿＿＿＿＿＿＿＿＿＿＿

③ 質問： ＿＿＿＿＿＿＿＿＿＿＿＿＿＿＿＿　答え： ＿＿＿＿＿＿＿＿＿＿＿＿＿＿＿＿

④ 質問： ＿＿＿＿＿＿＿＿＿＿＿＿＿＿＿＿　答え： ＿＿＿＿＿＿＿＿＿＿＿＿＿＿＿＿

⑤ 質問： ＿＿＿＿＿＿＿＿＿＿＿＿＿＿＿＿　答え： ＿＿＿＿＿＿＿＿＿＿＿＿＿＿＿＿

2 日本語の意味に合うように，（　）内の語句を並べ替えなさい。

① お誕生日おめでとう。
（你　祝　快乐　生日）

② 彼女はまもなく帰国します。
（了　国　她　回　快要）

③ 車を運転しながら，携帯電話で電話をしてはいけません。
（电话　手机　一边儿　一边儿　打　开车　别　用）

④ もし来ることができない場合は，私に電話をかけてください。
（能　不　电话　就　给　打　要是　来　的话　我　吧）

⑤ 彼は車を持っているだけでなく，大きな家を持っています。
（有　有　而且　不但　大房子　他　汽车）

補足資料：簡体字と日本漢字

1 形が異なる部首

簡体字の部首の中には，日本漢字の部首と形が異なるものがあります。主なものを表にまとめました。部首の違いを確認しましょう。

日本漢字の部首	簡体字の部首	例	例
言	讠	谢	语
食	饣	饭	馆
糸	纟	红	给
金	钅	铁	银
車	车	较	辆
貝	贝	购	贵
見	见	视	觉
門	门	间	问

2 形が似ている漢字

簡体字には，日本漢字と形がまったく同じものや形が大きく異なるものがあります。このような簡体字は覚えやすいのですが，日本漢字と形が似ているものはうっかりするとその違いを見逃してしまいます。テキストに出てくる簡体字の中から日本漢字と形が似ているものを表にまとめました。どこが違うのか比べてみましょう。

課	簡体字	日本漢字
4	对	対
5	叫	叫
5	海	海
6	包	包
6	喝	喝
6	茶	茶
8	今	今
8	天	天
9	凉	涼
10	桌	卓
10	真	真
10	羡	羨
10	条	条
10	带	帯
10	每	毎
11	差	差
13	边	辺
14	写	写

課	簡体字	日本漢字
14	改	改
15	德	徳
16	弹	弾
16	港	港
19	钱	銭
19	角	角
20	渴	渇
20	画	画
21	别	別
21	减	減
22	着	着
22	以	以
23	毒	毒
23	修	修
23	滑	滑
24	气	気
24	变	変

ブックマップ

初級中国語文法の学習項目を，本テキストのどこで学んだかを示すものです。
細字は本テキストの見出し，数字は頁を表します。

文の種類

疑問文	"吗"疑問文	26
	"呢"疑問文	34
	疑問詞疑問文	38
	反復疑問文	42
	選択疑問文	30
命令文	禁止	90
複文	複文	102

文の成分

述語		
動詞述語文	動詞述語文	30
	動詞"是"	26
	所有を表す動詞"有"	46
	存在を表す動詞"在"と"有"	58
	助動詞"会"	74
	助動詞"能"	74
	助動詞"可以"	94
	助動詞"想"	38
	二重目的語	86
	主述述語文	74
	連動文	54
	使役文	98
	処置文	94
	受け身文	98
	比較	78
形容詞述語文	形容詞述語文	42
補語	時間量補語	70
	動作量補語	66
	状態補語	86
	方向補語	90
	結果補語	94
	補語のまとめ	98
連体修飾語	"的"	34

品詞

名詞	親族名称	19
	時点（1）「今日，今年」など	38
	時点（2）時刻	50
	時点（3）年月日，曜日	54
	方位詞	58

代詞	人称代詞	20
	指示代詞（1）「これ，あれ（それ）」	34
	指示代詞（2）「ここ，あそこ(そこ)」	58
	疑問詞疑問文	38
	"几"と"多少"	46
	疑問詞"怎么"	54

数詞	100以上の数	82
	年齢の尋ね方	78
	時点（3）年月日，曜日	54

量詞	量詞	46
	金額の言い方	82
	年齢の尋ね方	78
	時点（2）時刻	50
	時間量	70
	動作量補語	66

動詞	動詞の重ね型	62
	二重目的語	86

助動詞	助動詞"想"	38
	助動詞"会"	74
	助動詞"能"	74
	助動詞"可以"	94

前置詞	前置詞"在"	50
	前置詞"从""到""离"	70
	前置詞"跟"	66
	前置詞"给"	62

副詞			
程度	"多"＋形容詞		78
	"有点儿"		86
	"越来越～"		102
時間	進行の"在"		90
	近い未来		102
範囲，関連	副詞"也"と"都"		30

接続詞	複文	102

助詞	"的"	34
	文末の"了"	50
	動詞の後の"了"	62
	経験の"过"	66
	"吧"	42
	"吗"疑問文	26
	"呢"疑問文	34
	"是～的"構文	82

語句索引

発音編「覚えましょう！」の新出語句および文法編の新出語句を，アルファベット順に並べました。数字は頁を表します。

A

矮	ǎi	80
爱好	àihào	80
澳门	Àomén	72

B

八	bā	29
～把 量	bǎ	48
把～… 前	bǎ	96
爸爸	bàba	19
～吧	ba	44
百	bǎi	84
坂本龙马	Bǎnběn Lóngmǎ	28
半	bàn	52
棒球	bàngqiú	68
包子	bāozi	84
饱	bǎo	96
报	bào	72
～杯	bēi	48
北京	Běijīng	28
北京烤鸭	Běijīng kǎoyā	68
被～…	bèi	100
背	bèi	100
～本	běn	48
比～	bǐ	80
笔记本	bǐjìběn	60
比较	bǐjiào	48
比赛	bǐsài	56
～遍	biàn	68
变化	biànhuà	104
便利店	biànlìdiàn	52
表妹	biǎomèi	80
别～	bié	92
冰箱	bīngxiāng	64
病毒	bìngdú	100
不～	bù	28
不但～，而且…	búdàn～, érqiě	104
不客气	bú kèqi	24
不太～	bú tài	44
不谢	bú xiè	24

C

菜	cài	32
茶	chá	40
差	chà	52
长	cháng	80
长江	Chángjiāng	80
唱	chàng	88
超市	chāoshì	36
炒	chǎo	104
炒饭	chǎofàn	32
车票	chēpiào	84
车站	chēzhàn	52
陈	Chén	28
陈红	Chén Hóng	28
吃	chī	32
抽烟	chōuyān	76
出	chū	92
出门	chūmén	52
出租车	chūzūchē	64
床	chuáng	60
春节	Chūnjié	104
词典	cídiǎn	36
～次	cì	68
从～	cóng	72

D

打（〔電話を〕かける）	dǎ	64
打（〔球技や遊戯を〕する）	dǎ	68
打工	dǎgōng	52
打扫	dǎsǎo	56
打算～	dǎsuan	68
大（大きい）	dà	44
大（年上である）	dà	80
大巴	dàbā	72
大学	dàxué	36
大学生	dàxuéshēng	28
带	dài	96
蛋糕	dàngāo	32
但是	dànshì	92
当然	dāngrán	96
到～ 前	dào	72
到 副	dào	96
德语	Déyǔ	68
～的…	de	36
～得…	de	88
等	děng	64
弟弟	dìdi	19
地铁	dìtiě	56
地图	dìtú	40
地址	dìzhǐ	88
～点	diǎn	52
电车	diànchē	84
电话	diànhuà	64
电脑	diànnǎo	36
电视	diànshì	40
电影	diànyǐng	64
电影院	diànyǐngyuàn	72
电子词典	diànzǐ cídiǎn	100
丢	diū	96
东西	dōngxi	64
懂	dǒng	96
都	dōu	32
肚子	dùzi	76
对不起	duìbuqǐ	24
对面（儿）	duìmiàn(r)	60
多 形	duō	60
多 副	duō	80
多长	duō cháng	72
多大	duō dà	80

多少	duōshao	48	跟~	gēn	68	机票	jīpiào	84
			~公分	gōngfēn	80	几	jǐ	48
E			公共汽车	gōnggòng qìchē	80	记	jì	96
饿	è	52	~公斤	gōngjīn	80	~家 量	jiā	52
欸	éi	72	~公里	gōnglǐ	76	家 名	jiā	60
儿子	érzi	92	公司职员	gōngsī zhíyuán	36	家里人	jiālirén	36
二	èr	29	公园	gōngyuán	60	减肥	jiǎnféi	92
			工作	gōngzuò	52	~件	jiàn	88
F			购物中心	gòuwù zhōngxīn	64	见	jiàn	104
发音	fāyīn	76	贵	guì	44	教	jiāo	88
法国	Fǎguó	28	贵姓	guìxìng	28	交通	jiāotōng	104
法语	Fǎyǔ	68	过 动	guò	104	~角	jiǎo	84
饭	fàn	52	~过 助	guo	68	叫~（〔フルネームを〕～という）		
饭店	fàndiàn	52					jiào	28
方便	fāngbiàn	104	**H**			叫（〔タクシーなどを〕呼ぶ）		
房间	fángjiān	56	还（まだ）	hái	52		jiào	64
房子	fángzi	44	还（さらに）	hái	104	教室	jiàoshì	60
放	fàng	92	还是	háishi	32	~节	jié	48
非常	fēicháng	44	汉语	Hànyǔ	32	结婚	jiéhūn	68
飞机	fēijī	68	好	hǎo	88	姐姐	jiějie	19
~分（時間）	fēn	52	好吃	hǎochī	44	今年	jīnnián	40
~分（お金）	fēn	84	好喝	hǎohē	80	今天	jīntiān	40
~分钟	fēnzhōng	72	好看	hǎokàn	80	近	jìn	72
~封	fēng	64	号	hào	56	进	jìn	92
复习	fùxí	64	号码	hàomǎ	88	九	jiǔ	29
			喝	hē	32	酒	jiǔ	76
G			~和…	hé	72	~就…	jiù	64
改天	gǎitiān	64	很	hěn	44			
感染	gǎnrǎn	100	红茶	hóngchá	32	**K**		
干	gàn	56	后边（儿）	hòubian(r)	60	咖啡	kāfēi	32
钢琴	gāngqín	72	后年	hòunián	40	开车	kāichē	56
高	gāo	80	后天	hòutiān	40	开始	kāishǐ	56
高楼	gāolóu	104	护照	hùzhào	100	看	kàn	36
高兴	gāoxìng	88	滑雪	huáxuě	100	渴	kě	88
告诉	gàosu	88	画	huà	88	可乐	kělè	32
哥哥	gēge	19	话	huà	96	可以~	kěyǐ	96
歌儿	gēr	88	画儿	huàr	88	课	kè	48
~个	ge	48	黄河	Huánghé	80	~刻	kè	52
~个小时	ge xiǎoshí	72	回	huí	68	课本	kèběn	36
~个星期	ge xīngqī	72	会~	huì	76	课文	kèwén	100
~个月	ge yuè	72				空调	kōngtiáo	64
给~ 介	gěi	64	**J**			~口	kǒu	104
给 动	gěi	88	机场	jīchǎng	84	裤子	kùzi	40

快 形	kuài	44	忙	máng	44	年纪	niánjì	80
快 副	kuài	80	~毛	máo	84	您	nín	20
~块(~個)	kuài	64	毛泽东	Máo Zédōng	28	牛奶	niúnǎi	48
~块(お金)	kuài	84	没关系	méi guānxi	24	女儿	nǚ'ér	80
快餐店	kuàicāndiàn	52	没有	méiyǒu	48	女朋友	nǚpéngyou	44
快乐	kuàilè	104	没(有)	méi(yǒu)	52	暖和	nuǎnhuo	44
快要~了	kuàiyào~le	104	美国	Měiguó	28			
矿泉水	kuàngquánshuǐ	88	美术馆	měishùguǎn	60	**P**		
			每天	měitiān	48	旁边(儿)	pángbiān(r)	60
L			妹妹	mèimei	19	胖	pàng	52
来	lái	40	~米	mǐ	80	跑	pǎo	88
篮球	lánqiú	68	面包	miànbāo	32	陪	péi	64
老家	lǎojiā	68	明年	míngnián	40	朋友	péngyou	36
姥姥	lǎolao	19	明天	míngtiān	40	啤酒	píjiǔ	32
老师	lǎoshī	28	名字	míngzi	28	便宜	piányi	44
老爷	lǎoye	19				票	piào	52
了(文末)	le	52	**N**			漂亮	piàoliang	64
了(動詞の後)	le	64	拿	ná	100	乒乓球	pīngpāngqiú	68
累	lèi	44	哪	nǎ	36	~瓶	píng	88
冷	lěng	44	哪个	nǎge/něige	36	苹果	píngguǒ	48
离~	lí	72	哪里	nǎli	60	普通话	pǔtōnghuà	76
里边(儿)	lǐbian(r)	60	哪儿	nǎr	52			
礼物	lǐwù	96	哪些	nǎxiē/něixiē	36	**Q**		
历史	lìshǐ	88	那 名	nà	32	七	qī	29
~里	li	60	那 代	nà	36	骑	qí	76
凉快	liángkuai	44	那个	nàge/nèige	36	起床	qǐchuáng	52
两	liǎng	48	那里	nàli	60	汽车	qìchē	48
~辆	liàng	48	那么	nàme	72	千	qiān	84
聊天儿	liáotiānr	104	那儿	nàr	60	前	qián	84
零	líng	52	那些	nàxiē/nèixiē	36	钱	qián	84
领带	lǐngdài	48	奶奶	nǎinai	19	钱包	qiánbāo	100
留学生	liúxuéshēng	28	难	nán	44	前边(儿)	qiánbian(r)	60
六	liù	29	南京	Nánjīng	40	前年	qiánnián	40
旅游	lǚyóu	68	~呢(~は?)			前天	qiántiān	40
律师	lǜshī	36		ne	36	巧克力	qiǎokèlì	92
			~呢(~している)			请~	qǐng	64
M				ne	92	去	qù	32
妈妈	māma	19	能~	néng	76	去年	qùnián	40
麻将	májiàng	76	你	nǐ	20	裙子	qúnzi	48
马上	mǎshàng	64	你好	nǐ hǎo	24			
~吗	ma	28	你们	nǐmen	20	**R**		
买	mǎi	32	年 名	nián	56	让~	ràng	100
慢	màn	88	~年 量	nián	72	热	rè	44

人	rén	28	她们	tāmen	20	下边(儿)	xiàbian(r)	60
日本	Rìběn	28	~台	tái	64	下个月	xiàge yuè	72
日语	Rìyǔ	44	台湾	Táiwān	68	下午	xiàwǔ	40
	S		太~了	tài~le	88	羡慕	xiànmù	48
三	sān	29	弹	tán	72	现在	xiànzài	44
三明治	sānmíngzhì	32	糖	táng	92	香港	Xiānggǎng	72
上班	shàngbān	56	~趟	tàng	68	想~	xiǎng	40
上边(儿)	shàngbian(r)	60	踢	tī	64	相机	xiàngjī	84
上海	Shànghǎi	28	~天	tiān	72	小	xiǎo	80
上午	shàngwǔ	40	天气	tiānqì	104	小说	xiǎoshuō	72
~上	shang	60	~条	tiáo	48	写	xiě	64
谁	shéi	40	跳舞	tiàowǔ	76	谢谢	xièxie	24
身份证	shēnfènzhèng	100	听	tīng	40	新年	xīnnián	104
身体	shēntǐ	76	偷	tōu	100	信	xìn	64
什么	shénme	28	图书馆	túshūguǎn	36	信用卡	xìnyòngkǎ	96
什么时候	shénme shíhou	40				星期二	xīngqī'èr	56
生日	shēngrì	96		**W**		星期几	xīngqī jǐ	56
十	shí	29	袜子	wàzi	48	星期六	xīngqīliù	56
时间	shíjiān	72	外边(儿)	wàibian(r)	60	星期日	xīngqīrì	56
食堂	shítáng	60	外语	wàiyǔ	44	星期三	xīngqīsān	56
是~	shì	28	完	wán	96	星期四	xīngqīsì	56
手表	shǒubiǎo	64	玩儿	wánr	100	星期天	xīngqītiān	56
手机	shǒujī	48	晚饭	wǎnfàn	84	星期五	xīngqīwǔ	56
书	shū	36	晚上	wǎnshang	40	星期一	xīngqīyī	56
书包	shūbāo	84	万	wàn	84	姓~	xìng	28
书店	shūdiàn	40	网球	wǎngqiú	76	修	xiū	100
舒服	shūfu	76	为什么	wèi shénme	76	休息	xiūxi	88
数码相机	shùmǎ xiàngjī	60	问	wèn	88	学	xué	44
刷牙	shuāyá	92	问题	wèntí	88	学生	xuésheng	32
~双	shuāng	48	我	wǒ	19	学习	xuéxí	32
水饺	shuǐjiǎo	32	我们	wǒmen	20	学校	xuéxiào	44
睡觉	shuìjiào	92	乌龙茶	wūlóngchá	44			
说	shuō	56	五	wǔ	29		**Y**	
说话	shuōhuà	92				要(欲しい)	yào	40
四	sì	29		**X**		要〔時間やお金が〕かかる)		
~岁	suì	80	西瓜	xīguā	84		yào	72
岁数	suìshu	80	西藏	Xīzàng	68	钥匙	yàoshi	96
			洗	xǐ	56	要是~(的话),(就)…		
	T		喜欢	xǐhuan	60		yàoshi~(dehuà), (jiù)	
他	tā	20	洗脸	xǐliǎn	92			104
她	tā	20	洗手间	xǐshǒujiān	60	爷爷	yéye	19
他们	tāmen	20	洗澡	xǐzǎo	92	~也	yě	32
			下	xià	92	一	yī	29

語句索引 | 113

一边(儿)~,一边(儿)…			愉快	yúkuài	104	这么	zhème	56
	yìbiān(r)~, yìbiān(r)		雨伞	yǔsǎn	40	这儿	zhèr	60
		104	~元	yuán	84	这些	zhèxiē/zhèixiē	36
一点儿	yìdiǎnr	80	圆珠笔	yuánzhūbǐ	36	真	zhēn	48
一定	yídìng	96	远	yuǎn	72	真的	zhēn de	100
衣服	yīfu	56	月	yuè	56	知道	zhīdào	100
一共	yígòng	84	越来越~	yuè lái yuè	104	只~	zhǐ	48
一刻钟	yí kè zhōng	72				中国	Zhōngguó	28
一路平安	yílù píng'ān	68		**Z**		中午	zhōngwǔ	40
一起	yìqǐ	44	在~ 前	zài	52	重	zhòng	80
医生	yīshēng	36	在 动	zài	60	祝	zhù	68
一下	yíxià	96	在~ 副	zài	92	住	zhù	96
一样	yíyàng	80	再	zài	68	准备	zhǔnbèi	96
医院	yīyuàn	72	再见	zàijiàn	24	桌子	zhuōzi	48
已经	yǐjīng	52	咱们	zánmen	20	自行车	zìxíngchē	76
椅子	yǐzi	60	早饭	zǎofàn	52	走	zǒu	76
音乐	yīnyuè	40	早上	zǎoshang	40	足球	zúqiú	56
银行	yínháng	40	怎么	zěnme	56	最	zuì	60
英语	Yīngyǔ	28	怎么样	zěnmeyàng	52	最近	zuìjìn	52
用~ 前	yòng	56	张 名	Zhāng	28	昨天	zuótiān	40
用 动	yòng	96	~张 量	zhāng	48	左边(儿)	zuǒbian(r)	60
邮局	yóujú	60	张平	Zhāng Píng	28	坐(〔乗り物に〕乗る)		
邮票	yóupiào	84	着急	zháojí	96		zuò	56
游戏	yóuxì	100	找	zhǎo	96	坐(座る)	zuò	92
游泳	yóuyǒng	76	照片	zhàopiàn	36	做	zuò	92
有	yǒu	48	这	zhè	36	作业	zuòyè	92
有点儿	yǒudiǎnr	88	这个	zhège/zhèige	36			
右边(儿)	yòubian(r)	60	这里	zhèli	60			

杉野元子（慶應義塾大学教授）
黄 漢 青（成城大学非常勤講師）

イラスト：張　恢　　　表紙デザイン：宇佐美佳子

改訂版 大学生のための 初級中国語24回　音声DL

2019 年 12 月 19 日　初版発行
2023 年 3 月 26 日　第 5 刷発行

著　者　　杉野元子・黄　漢　青
発行者　　佐藤和幸
発行所　　白　帝　社

〒171-0014　東京都豊島区池袋 2-65-1
電話　03-3986-3271
FAX　03-3986-3272（営）／ 03-3986-8892（編）
info@hakuteisha.co.jp
http://www.hakuteisha.co.jp

組版・印刷 倉敷印刷（株）　製本　（株）ティーケー出版印刷

Printed in Japan〈検印省略〉6914　　　ISBN978-4-86398-368-7
＊定価は表紙に表示してあります